紫微斗数之

紫微燈心（灯芯）　　著

美商EHGBooks微出版公司
www.EHGBooks.com

EHG Books 公司出版
Amazon.com 總經銷
2018 年版權美國登記
未經授權不許翻印全文或部分
及翻譯為其他語言或文字
2018 年 EHGBooks 第一版

ISBN-13：978-1-62503-469-4

这本「定盘」书中的推演方法是我研究紫微斗数的一些心得，和主观见解，命例资料来自互联网的互动，藉定盘分析，我也研究了一些解盘技巧。

目录

如何确定正确的命盘

论命心法的第一步是定盘，论命的前提是要有正确的命盘，如果盘不对，那基本上论的就不是命主的命。看到一个命盘时，要先确认一下盘对不对。紫微斗数注重人生的「规划」与「方向」，正确命盘是论命的第一要务，定盘是为了确认命主正确的命盘。

「定盘」：确认命主的正确命盘，如果用的盘不对，就没有意义了。

为排出正确的命盘，找出正确的时辰，应使用天文科学家所称之「真太阳时」，因为时空影响人体的自然变化，应当以出生地的「当地时间」为准。全球是用时区和经度来计算标准时间，共有２４个时区，经度每１５度为一个时区，中国领土东西横跨经度有６０多度，共跨了五个时区，但全国各地采用「北京时间」为统一的时间，所以各地对应北京时间就有了时差，这也就是在中国出生的人一定

要「定盘」的原因。北京时间（中国国家标准时间）是中国采用北京东八时区的区时作为标准时间。北京时间并不是北京（东经１１６.４度）地方的时间，而是东经１２０度的地方时间。

排盘前应该先找出命主出生地对应的真太阳时，中国以外的地区，例如日本、美国或欧洲等国家，就直接用当地时间排，不必转换成亚洲时间。

在夏令时实施期间，其实际时间为当地时间减去一小时，即把调快的一个小时减回来。

在中国出生的人一定要通过「定盘」来确认自己的正确命盘。

何时需要定盘？

1．出生时间不确定的，取大约时间的前、中、后，三个时辰各自排盘，列出命盘作比对。

2．出生时间对应出生地的真太阳时，接近时辰分界点左右十五分钟的最好也定一下盘。时辰分界点是指1、3、5、7、9、11、13、15、17、19、21、23点。

3．如果农历月份和八字月柱不同步时，紫微斗数用的是农历，而八字是用节气，就表示要考虑「原盘」和「节气盘」的「定盘」。

4．在夏令时实施期间出生的人，如果不确定是否有用夏令时，最好也定一下盘。排一个有考虑夏令时的盘，一个没有考虑夏令时的盘，因为不知道你家父母长辈们有没有用夏令时计。

如何定盘？

1．先排出可能的盘。

2．以个性来定盘，通过询问命主个性和心态来判断哪个是命主正确的命盘。

3．以曾经发生过的大事件套入命盘看是否符合命主的人生轨迹来定盘。因为紫微斗数命盘里看到的未必会发生，而发生过的事在命盘里可以找到合理的轨迹，以此来确认哪个是符合命主的命盘。

4．也可以用「生肖入宫法」进行定盘比对，就是将命主的父母、配偶的生肖资料与命盘互动后的结果作比对。

5．定盘要以命主的个性心态为主，找出可能命盘之间的不同点来问，不是问了几个问题符合就说是某某盘，也许问到的是两个盘都可以成立的问题。最好多问一些问题进行比对，有时命主对自己的心态不确定，或是有些会受大限心态改变的影响，也可能是因

为引动到生肖宫的个性大于命身宫的个性。

6．因为紫微斗数没有看相的功能，所以不能以长相来定盘。相随心转，相变了，但命盘不会变。有人说因为你很瘦所以你应该是某某盘，那改天命主营养吃好点，人变胖了，怎么办？身高体型和营养及遗传有关，和命盘无关。

定盘时为什么要问一些问题？

看盘论命的第一步就是要确定命盘是对的，如果命盘不对，看的是别人的命，就完全沒有意义了。研究紫微斗数也有「望、闻、问、切」四个步骤。「望」看到一个命盘，先看有沒有节气的问题，有沒有时辰的争议，有沒有接近分界点的问题，再看命盘的本质、条件。「闻」听命主描述个性心态和过去命运的过程是否符合命盘的轨迹。「问」向命主提出关键的问题以资判断，确定正确命盘后，「切」是最后总结所有的吉凶，对命主作出建议或判断。就好像去看医生，医生要先问症狀，如果数据资料不夠，医生也无法断症，继而开出药方，所以需要求问者的配合。

什么是节气盘？

紫微斗数用阴历月份排盘，而八字以节气为主，当阴历月份和八字月柱不同步时，就是有节气盘存在。「节气盘」其实就是四柱八字使用节气月份的命盘。

「原盘」与「节气盘」的定盘研究

紫微斗数用太阴历（农历）排命盘是「原盘」，八字系统用甲子历（干支历法）以节气排四柱，当太阴历和甲子历不同步时，就是有「原盘」和「节气盘」的存在。虽然古书说「斗数不用考虑节气」，但实际看盘验证无数命例后发现，的确有「节气盘」的存在，「节气盘」其实就是四柱八字使用节气月份的命盘。

有些命理师觉得农历原盘不符合命主的个性轨迹，就去更改命主的时辰，其实可能就是应该要用「节气盘」才对。

当有「原盘」和「节气盘」时，就应该列出两个命盘「定盘」

比对哪个盘更符合命主的个性、心态和人生轨迹。选出正确的命盘是论命心法的第一步，研究中发现节气盘才是正确命盘的人，占有相当大的比例。

曾经有位命主问「时辰是没错的，用八字验证过，性格啊经历啊，都能对上，不知道紫微盘怎么性格对不上？　」

当有节气月份不同步时，如果是八字符合命主的性格、经历，紫微盘如果用原盘，当然对不上，因为应该要用节气盘才会符合。

但是如果定盘后是原盘对，而八字使用的是节气月份，就会是紫微斗数命盘符合，而八字对不上了。

问：我于农历三十日出生，由於某些原因一出生就改成农历二十八日出生，请问应该算哪个呢？

答：改的没有用，要用真正的出生时间排盘才对。

古时后，计时方法不准确，出生时辰往往不确定，所以古人有用下列方法来判断：

1．看「发旋」来分辨。

2．看痣的顔色。

3．看小孩临盆睡相。

4．看出生时手掌的屈伸位置。

5．看日常生活作息的大约时间， 例如：清晨、黄昏、半夜、用餐时、鸡啼时、太阳快下山时、秋天鸡上笼时、天将亮而未亮时、鸡叫第三声时……

6．用占卜法。

7．用假八字， 以为可以改运。

8．看形貌。

9．看睡姿。

１０．只用三柱：年柱、月柱、日柱。

「定盘」「定盘」「定盘」一定要确认正确命盘后，再继续看盘。

本书提出节气盘的观念和定盘的方法。

心态个性的统计分析，需要先熟悉十四颗主星、二十四组双性星、星星亮度、以星带盘。

出生地以东经位置计算真太阳时。

第一章　原盘节气盘的定盘，定盘后是原盘对

命例一

　　命主１５点１０分生于中国东经１１２度，真太阳时１４点３３分是未时。观盘命主阴历六月生，八字月柱是庚申，和农历六月不同步，有节气盘存在。查万年历六月二十日２０点５９分立秋进入庚申月，原盘六月是己未月，节气盘是庚申月。以未时原盘、未时节气盘来定盘。

　　１．命主自述自己的性格好静不好动，天分兴趣在文艺历史类，是原盘。命宫同阴，三方组合「机月同梁」，而节气盘的命身肖三方命理组合是「紫府武相廉、杀破狼」。

　　２．感情心态上哪个像你？Ａ容易受别人影响，喜欢柔和不粘人的对象，感情方面柔。Ｂ强势主导，喜欢自己说了算，眼光高，喜欢有能力又优秀漂亮的对象。

命主选Ａ，表示「能力在其次」是原盘，夫妻宫空宫容易受别人影响，对宫机梁，感情方面柔和，喜欢柔和不粘人的对象，节气盘的感情心态是Ｂ。

３．命主性格有点孤僻内向，是原盘的命宫三合「天机天梁擎羊会」比较宅、喜欢独处。

４．事件一：出生５０天得重病。

未时原盘： 第一大限甲子限太阳限忌借到午宫六合本命疾厄未宫，也是大限的疾厄宫，癸酉年贪狼忌有引动大限疾厄宫，成立。

未时节气盘：第一大限乙丑限太阴限忌冲本命，和大限疾厄申宫，癸酉流年贪狼忌不引动大限疾厄宫，不成立。

５．事件二： ２００４甲申年意外摔断胳膊。意外的重点宫位看迁移宫。命主１２岁是第一大限，

未时原盘： 甲子限太阳限忌冲迁移宫，甲申年太阳忌引动大

限迁移，太阳双忌坐流年迁移宫，成立。

未时节气盘：乙丑限太阴限忌借到午宫六合迁移宫，甲申流年太阳忌借到午宫六合迁移宫未宫，２００４甲申流年太阳忌也坐流年迁移宫，太阴限忌借到午冲寅，都需要用借的，力量不如原盘。

未时原盘比较符合。

６．事件三：２００９己丑年命主１７岁之后学习不好，

未时原盘：大限癸亥限贪狼限忌借到未宫，冲大限官禄宫卯宫，己丑年文曲忌冲大限官禄宫引动，贪狼限忌和文曲忌也冲己丑流年官禄巳宫，学习不顺利，成立。

未时节气盘：１７岁甲子限太阳限忌借到申宫，冲大限官禄辰宫，己丑年文曲忌不引动大限官禄宫，不成立。

综上所述，命主是未时原盘对。

紫微 旺 七殺 平 右弼 天钺 铃星 74-83 仆役宫　　丁巳	地劫 旺 64-73 迁移宫　　戊午	 54-63 疾厄宫　　己未	廉贞 平 破军 旺 禄 左辅 44-53 财帛宫　　庚申
天机 旺 天梁 平 地空 旺 84-93 官禄宫　　丙辰	阴男　　　　　　金四局 一九九三年六月 X 日未时 癸酉年 庚申月 XX 日 X 未时		廉贞 平 破军 旺 禄 左辅 34-43 子女宫/肖 辛酉
天相 平 文昌 天魁 田宅宫　　乙卯			火星 旺 24-33 夫妻宫　　壬戌
太阳 旺 科 巨门 平 权 福德/身　　甲寅	武曲 旺 贪狼 平 忌 擎羊 旺 父母宫　　乙丑	天同 旺 太阴 旺 禄存 04-13 命宫　　甲子	天府 陷 文曲 陀罗 14-23 兄弟宫　　癸亥

图 1-1

紫微 旺 七殺 平 天钺 铃星 84-93 **官**禄宫　　丁巳	地劫 旺 74-83 仆役宫　　戊午	 64-73 迁移宫　　己未	 54-63 疾厄宫　　庚申
天机 旺 天梁 平 右弼 地空 旺 田宅宫　　丙辰	阴男　　　　　　　金四局 一九九三年六月 X 日 未时节气盘 癸酉年 庚申月 XX 日 X 未时		廉贞 平 破军 旺 禄 44-53 财帛/肖　　辛酉
天相 平 文昌 天魁 福德/身　　乙卯			左辅 火星 旺 34-43 子女宫　　壬戌
太阳 旺 科 巨门 平 权 父母宫　　甲寅	武曲 旺 贪狼 平 忌 擎羊 旺 04-13 命宫　　乙丑	天同 旺 太阴 旺 禄存 14-23 兄弟宫　　甲子	天府 陷 文曲 陀罗 24-33 夫妻宫　　癸亥

图 1-2

命例二

命主大约早晨６点５７分生于中国东经１１６．７度，真太阳时是６点４１分为卯时。观盘农历三月是丙辰月，八字月柱是乙卯，月份不同步，有节气盘存在。查万年历，三月九日辰时清明节气才进入丙辰月，原盘三月Ｘ日是丙辰月，节气盘还在乙卯月，因为出生时不确定，又接近卯时辰时的分界点，考虑以卯时、辰时的原盘和节气盘，四个盘来定盘。

１．二选一：Ａ容易想的多做的少，常有不切实际的想法和做法。Ｂ有很好的原创性，和天马行空的想像力。

命主选Ａ，以星带盘看是卯时盘地空陷符合〈注１〉，辰时盘地空在未宫是旺的，不符合。

２．哪个性格像你？Ａ强势主导，急刚冲快。Ｂ柔和阳光。

命主选Ａ，是卯时原盘，命身是「紫府武相廉、杀破狼」的强势命理组合。另外三个盘，卯时节气盘、辰时原盘、辰时节气盘都

是天同坐命的柔和个性，不符合。

3．命主自述很小的时候身体不好，被医院下过三次病危通知书。

卯时原盘的疾厄宫也是生病宫，被三忌冲，第一大限乙丑限太阴限忌冲疾厄申宫，戊寅年天机忌冲申宫引动。戊寅流年疾厄在酉宫，太阴限忌借到申，天机忌借到戌，双夹流年疾厄酉宫。

命主本命天机忌、父乙年生太阴忌、母庚年生天同忌都冲向疾厄申宫，此为「三忌冲」。

生病宫的看法：父母羊陀冲加化忌合冲最凶的宫位。此命父乙年生禄存在卯，羊陀分别在辰宫、寅宫冲申宫，母亲庚年生禄存在申宫，羊陀夹申宫，父太阴忌和母天同忌都冲向申宫，故申宫是最凶的宫位，是「生病宫」。

生病宫可能在任何宫位，不一定是在疾厄宫。

此命的疾厄宫巧合的是生病宫，又是空宫，对疾病的抵抗能力弱。

4．你会不会喜欢独来独往，喜欢有独处的空间，或是比较宅？A会。B不会。

命主选A，本命天机化忌的都会有点宅，且卯时原盘命宫有寡宿星，也会喜欢有独处的空间。

5．感情心态上哪个像你？A比较强势，喜欢自己说了算，眼光不低。B柔和，容易受别人影响。

命主选A是卯时原盘，夫妻宫天府星。

综上所述，命主是卯时原盘，武曲贪狼坐命在丑宫。

〈注1〉 空劫亮度随主星，若没有主星，以宫位五行对空劫的生克为亮度。卯时盘地空属火坐申宫是陷的，参考附录三： 星星亮度。

紫微 旺 七殺 平 禄存 84-93 官禄宫　　丁巳	左辅 铃星 擎羊 陷 74-83 仆役宫　　戊午	文曲 文昌 天钺 64-73 迁移/身　己未	右弼　科 地空 陷 54-63 疾厄宫　　庚申
天机 旺 忌 天梁 平 火星 平 陀罗 旺 田宅宫　　丙辰	阳女　　　　　　　金四局 一九九八年三月 X 日 卯时 原盘 戊寅年 乙卯月 XX日 X 卯时		廉贞 平 破军 旺 44-53 财帛宫　　辛酉
天相 平 福德宫　　乙卯			34-43 子女宫　　壬戌
太阳 旺 巨门 平 地劫 旺 父母/肖　甲寅	武曲 旺 贪狼 平 禄 天魁 寡宿 04-13 命宫　　乙丑	天同 旺 太阴 旺 权 14-23 兄弟宫　　甲子	天府 陷 24-33 夫妻宫　　癸亥

图 2-1

紫微 旺 七殺 平 左辅 禄存 74-83 仆役宫　　丁巳	铃星 擎羊 陷 64-73 迁移/身　戊午	文曲 文昌 天钺 54-63 疾厄宫　　己未	地空 陷 44-53 财帛宫　　庚申
天机 旺 忌 天梁 平 火星 平 陀罗 旺 84-93 官禄宫　　丙辰	阳女　　　　　　金四局 一九九八年三月 X 日 卯时节气盘 戊寅年 乙卯月 XX日 X卯时		廉贞 平 破军 旺 右弼　科 34-43 子女宫　　辛酉
天相 平 田宅宫　　乙卯			 24-33 夫妻宫　　壬戌
太阳 旺 巨门 平 地劫 旺 福德/肖　甲寅	武曲 旺 贪狼 平 禄 天魁 父母宫　　乙丑	天同 旺 太阴 旺 权 04-13 命宫　　甲子	天府 陷 14-23 兄弟宫　　癸亥

图 2-2

第二章　原盘节气盘的定盘，定盘后是节气盘对

命例三

　　命主出生的真太阳时在丑时，观盘阴历十月初Ｘ日生，八字月柱是甲戌，月份不同步，表示有节气盘存在。查万年历十月十日酉时立冬节气才进入乙亥月，命主十月初Ｘ日还在甲戌月。原盘十月初Ｘ日是乙亥月，节气盘是甲戌月，定盘看是十月的原盘，还是九月的节气盘对？

　　1．命主表示「个性正直，不善表达自己的感情，有话直说，孤僻，喜欢古老事物，个性急刚冲快，硬邦邦的一板一眼，不苟言笑」。

　　命主有孤僻的个性是丑时节气盘，命宫六合天机天梁，原盘不会天机天梁。

　　命主喜欢古老事物，是丑时节气盘命宫六合天梁，原盘沒有天

梁个性。

2．事件一：2013癸巳年，戊午月，戊辰日，因工作手部受伤。

节气盘：

（1）2013流年命宫在巳，巳宫成「昌铃陀武忌」凶格，（父壬年生给了命主武曲忌）命主25岁，辛未限，文昌限忌冲巳，流年贪狼忌冲巳，2013癸巳年流陀在亥，流年命宫「昌铃陀武忌」恶格引动成立，表现在身体上的重大伤害。

（2）25岁，辛未限，文昌限忌冲大限迁移丑宫，癸巳年贪狼忌落大限迁移宫成「贪忌昌忌」粉身碎骨凶格，贪狼忌借到未宫冲流年迁移宫，引动意外成立。

（3）流月戊午月命宫在午，迁移宫在子宫，戊午流月天机忌戊辰流日天机双忌冲流月的迁移宫子宫，也冲流日迁移戌宫，成立。

原盘：巳宫不成凶格。２５岁，癸酉限贪狼限忌不冲大限迁移卯宫，癸巳年贪狼忌不引动大限迁移卯宫，也不冲流年迁移亥宫。戊午月天机忌不引动流年迁移宫，原盘不成立。

３．事件二：２０１４甲午年，庚午月外婆去世，重点宫位看父母宫（长辈宫）。

节气盘：甲午年命主流年命宫在午，父母宫在未，太阳忌借到午，庚午月天同忌借到申，双忌夹流年流月的父母宫（长辈宫）成立。

原盘：甲午流年庚午流月的父母宫（长辈宫）在未，有甲午流年太阳忌冲，庚午月天同忌不引动，不成立。

流月引动流年，流年引动大限，大限引动本命。

紫微斗数命盘上看到的不一定会发生，发生过的事，可以在正确的命盘上找到合理的轨迹。

综上所述，命主是丑时节气盘符合。

巨门 旺 文曲　　忌 陀罗 56-65 疾厄/肖　　己巳	廉贞 旺 天相 平 禄存 46-55 财帛宫　　庚午	天梁 旺 科 擎羊 平 36-45 子女宫　　辛未	七杀 旺 天铖 26-35 夫妻宫　　壬申
贪狼 旺 权 火星 平 66-75 迁移宫　　戊辰	阴男　　　　火六局 一九八九年十月 X 日丑时 原盘 己巳年 甲戌月 XX 日 X 丑时		天同 旺 文昌 16-25 兄弟宫　　癸酉
太阴 陷 76-85 仆役宫　　丁卯			武曲 平 禄 地空 平 06-15 命宫　　甲戌
紫微 平 天府 平 86-95 官禄宫　　丙寅	天机 平 左辅 右弼 田宅宫　　丁丑	破军 旺 天魁 地劫 旺 福德/身　　丙子	太阳 陷 铃星 平 父母宫　　乙亥

图 3-1

紫微 旺 七杀 平 文曲　忌 陀罗 平 44-53 财帛/肖　　己巳	禄存 34-43 子女宫　　庚午	擎羊 平 24-33 夫妻宫　　辛未	天钺 14-23 兄弟宫　　壬申
天机 旺 天梁 平科 火星 平 54-63 疾厄宫　　戊辰	阴男　　　　　　　金四局 一九八九年十月 X 日 丑时节气盘 己巳年 甲戌月 XX 日 X 丑时		廉贞 平 破军 旺 文昌 04-13 命宫　　　癸酉
天相 平 64-73 迁移宫　　丁卯			地空 旺 父母宫　　甲戌
太阳 旺 巨门 平 右弼 74-83 仆役宫　　丙寅	武曲 旺禄 贪狼 平权 84-93 官禄宫　　丁丑	天同 旺 太阴 旺 左辅 天魁 地劫 旺 田宅宫　　丙子	天府 陷 铃星 平 福德/身　乙亥

图 3-2

命例四

观盘命主出生阴历是九月，八字月柱癸酉，月份不同步，有节气盘存在。查万年历九月初九申时节气才进入甲戌月，九月初Ⅹ日还在癸酉月，原盘是甲戌月，节气盘是癸酉月。命主出生真太阳时在午时，以午时原盘和午时节气盘来定盘。

1．命主说「母亲外向脾气爆燥」，母亲甲辰年生，原盘母生肖宫辰宫是太阴星，不像命主说的脾气爆燥，节气盘母亲生肖宫辰宫七杀比较符合命主感觉母亲的状态。

2．命主说「小时候和母亲的关系不好」：原盘母生肖宫坐命主命宫，应该和母亲很贴心。节气盘母亲太阳忌落命主命宫，和母亲的关系不好。

3．命主体质偏弱：节气盘本命忌落本命疾厄宫，行运从丁卯限巨门限忌借到酉，禄忌夹本命疾厄宫，丙寅限廉贞限忌落本命疾厄宫，丁丑限巨门限忌借到酉，禄忌夹本命疾厄宫，丙子限廉贞限

忌落本命疾厄宫，乙亥限天机限禄借到酉和太阴限忌，是禄忌夹本命疾厄宫，连续大限影响本命疾厄宫，体质偏弱。

4．事件一：命主说「和女友快分手了，２０１６年」：原盘丙寅限丙申年廉贞双忌不引动大限夫妻或流年夫妻宫。节气盘丁丑限巨门限忌借到未宫，六合丙申流年夫妻宫午宫，丙申年廉贞忌冲流夫妻宫引动成立，感情宫位不好。

5．个性上命主「情绪纠结、钻牛角尖」：原盘生肖宫廉贞旺，不会昌曲，不会情绪纠结。节气盘命身六合廉贞、文曲本命忌，是「廉贞文曲忌」容易情绪纠结、钻牛角尖。

6．事件二：１９９９年己卯年，命主１１岁，因病动手术。

原盘：戊辰限天机限忌和文曲本命忌双夹大限疾厄宫，己卯流年文曲忌落流年疾厄戌宫，不引动大限疾厄宫。

节气盘：本命忌落本命疾厄宫，１１岁丁卯限己卯年，大限流

年重叠，吉凶加倍，丁卯限太阴限禄和巨门限忌（借到酉）夹大限

疾厄戌宫，己卯年文曲忌落戌宫引动大限疾厄宫，也是流年疾厄宫。

本命忌落本命疾厄宫，健康的地雷在丁卯限己卯年有引动成立。

综上所述，命主是午时的节气盘。

廉贞 旺 贪狼 陷 权 地空 平 地劫 平 陀罗 平 父母/肖 己巳	巨门 平 禄存 福德宫 庚午	天相 陷 擎羊 平 田宅宫 辛未	天同 旺 天梁 平 科 天钺 83-92 官禄宫 壬申
太阴 平 文昌 铃星 平 03-12 命宫/身 戊辰	阴男　　　　　木三局 一九八九年九月 X 日午时 原盘 己巳年 癸酉月 XX 日 X 午时		武曲 旺 禄 七杀 旺 火星 平 73-82 仆役宫 癸酉
天府 陷 13-22 兄弟宫 丁卯			太阳 平 文曲 忌 63-72 迁移宫 甲戌
右弼 23-32 夫妻宫 丙寅	紫微 旺 破军 旺 33-42 子女宫 丁丑	天机 旺 左辅 天魁 43-52 财帛宫 丙子	 53-62 疾厄宫 乙亥

图 4-1

天机 陷 地空 陷 地劫 陷 陀罗 平 福德/肖　　己巳	紫微 旺 禄存 田宅宫　　庚午	擎羊 平 86-95 官禄宫　　辛未	破军 旺 天钺 76-85 仆役宫　　壬申
七杀 旺 文昌 铃星 平 父母宫　　戊辰	阴男　　　　　　火六局 一九八九年九月 X 日 午时节气盘 己巳年 癸酉月 XX 日 X 午时		火星 平 66-75 迁移宫　　癸酉
太阳 旺 天梁 陷 科 右弼 06-15 命宫/身　　丁卯			廉贞 旺 天府 旺 文曲　　忌 56-65 疾厄宫　　甲戌
武曲 陷 禄 天相 平 16-25 兄弟宫　　丙寅	天同 旺 巨门 旺 26-35 夫妻宫　　丁丑	贪狼 旺 权 天魁 36-45 子女宫　　丙子	太阴 旺 左辅 46=55 财帛宫　　乙亥

图 4-2

第三章　真太阳时接近分界点左右的定盘

命例五

命主上午７点０５分生于中国东经１２０度，真太阳时接近卯时辰时的时辰分界点（真太阳时在时辰分界点左右１５分钟都要定盘确认），应以卯时盘和辰时盘作定盘确认哪个时辰对。

１．你会不会喜欢独来独往，喜欢有独处的空间，或是比较宅？
Ａ会。Ｂ不会。

命主选Ａ喜欢独处，是卯时盘，福德宫天机天梁陀罗会，喜欢有独处的空间。辰时盘命身肖福德均不会天机天梁，没有这个性。

２．求财心态方面，二选一：Ａ求财积极，善于理财。Ｂ钱夠用就好。

命主选Ｂ，偏卯时，但巨日好胜，所以命主说「有赚钱的机会还是会计划和争取」。辰时盘身宫和财帛宫重叠，财帛宫武破应该是

求财积极，善于理财。

3．二选一：A容易想的多做的少，常有不切实际的想法和做法。B有很好的原创性，和天马行空的想像力。

命主选A是卯时盘，以星带盘看地空陷，地空亮度随主星，当没有主星时，以宫对星星属性生克决定亮度，地空属火在申宫是陷的。辰时盘地空在未宫，廉贞旺七杀平，故地空是旺的。

4．你喜欢怎样的家庭布置？A喜欢气派的豪宅，或是装璜布置摆饰有豪华的氛围。B注重自然品味，或喜欢古典装璜、古老型式的家具。

命主选A是卯时盘，卯时盘田宅宫坐紫微星。

5．感情心态方面，命主选「感情上比较柔和，喜欢个性柔和的对象，不喜欢太粘人的对象」是卯时盘夫妻宫在感情方面的心态。卯时盘夫妻宫三方机月同梁，感情心态上比较柔和，喜欢个性柔和

的对象，卯时盘夫妻宫有天机天梁陀罗会，喜欢有些独处的空间，对象不要太粘人。辰时盘夫妻宫三方「府相廉杀」在感情方面比较强势主导。

6．感情心态上，命主也选「不善于拒绝」，卯时盘夫妻宫有天同星，不善于拒绝。

7．2017年事业学业不顺：卯时盘，命主23岁己卯限，丁酉流年官禄宫丑宫，先天有己卯限文曲限忌冲，丁酉流年巨门忌六合，多是非不顺。

8．哪个像你？A容易杞人忧天，想很多，自寻烦恼。　B生活注重品味，要有一定的水平。

命主选A是卯时盘，卯时盘福德宫天机星，有父母皆戊年生给的天机双忌，容易杞人忧天，想很多，自寻烦恼。辰时盘的福德宫天相星，生活注重品味，要有一定的水平。

9．二选一：A常受周遭环境的影响，常有居住环境的变迁，工作的变化，或常在外奔走。B人生最在乎追求的是钱财，或以赚钱为职志，把钱看得很重。

命主选A是卯时盘，卯时盘身宫和迁移宫重叠。辰时盘是B。

１０．命主反馈「个性比较孤单，多愁善感，总是觉得消极，脾气温和，逆来顺受」脾气温和是卯时，命理组合是「机月同梁、巨日」，身宫太阴星多愁善感，福德宫天机（有父母给的双忌）三合天机天梁陀罗会，个性比较孤单。辰时沒有孤单的个性，辰时盘是「紫府武相廉、杀破狼」的强势主导又积极的命理组合。

综上所述，命主应该是卯时盘，太阳坐命在辰宫。

右弼 父母宫　　辛巳	天机 平 禄 福德宫　　壬午	紫微 旺 科 破军 陷 文曲 文昌 田宅宫　　癸未	天钺 地空 陷 84-93 官禄宫　　甲申
太阳 旺 擎羊 旺 04-13 命宫　　庚辰	阴男　　　　　　金四局 一九九五年六月 X 日卯时 乙亥年 癸未月 XX 日 X 卯时		天府 平 左辅 74-83 仆役宫　　乙酉
武曲 平 七杀 平 禄存 14-23 兄弟宫　　己卯			太阴 旺 忌 64-73 迁移/身　　丙戌
天同 平 天梁 平 权 地劫 平 陀罗 陷 24-33 夫妻宫　　戊寅	天相 旺 铃星 陷 34-43 子女宫　　己丑	巨门 旺 天魁 火星 陷 44-53 财帛宫　　戊子	廉贞 平 贪狼 旺 54-63 疾厄/肖　　丁亥

图 5-1

天相 旺 右弼 福德宫　　　辛巳	天梁 旺 权 文昌 田宅宫　　　壬午	廉贞 旺 七杀 平 地空 旺 85-94 官禄宫　　　癸未	文曲 天钺 75-84 仆役宫　　　甲申
巨门 平 擎羊 旺 父母宫　　　庚辰	阴男　　　　　土五局 一九九五年六月 X 日辰时		左辅 65-74 迁移宫　　　乙酉
紫微 陷 科 贪狼 旺 禄存 地劫 平 05-14 命宫　　　己卯			天同 平 55-64 疾厄宫　　　丙戌
天机 旺 禄 太阴 陷 忌 铃星 陀罗 15-24 兄弟宫　　　戊寅	天府 旺 火星 陷 25-34 夫妻宫　　　己丑	太阳 陷 天魁 35=44 子女宫　　　戊子	武曲 平 破军 旺 45-54　　　丁亥 财帛 /身/肖

图 5-2

命例六

命主夏令时上午１０点４４分生于中国东经１１０．７８度，真太阳时是９点１０分为巳时盘，真太阳时位于分界点左右１５分钟都应该定盘，考虑巳时和辰时的定盘。

１．你的脾气怎么样？会不会稍不如意，无名火就上来了？Ａ会，容易突然发火。Ｂ不会，不容易发火，不容易和人冲突。

命主选Ａ会突然发火，以星代盘看辰时盘火星属火在丑宫是陷的，容易突然发火。巳时盘火星属火在寅宫是旺的，不容易突然发火。

２．你的人生最在乎追求的是什么？Ａ夫妻家庭方面。Ｂ看重钱财，以赚钱为职志。

命主选Ｂ，辰时盘身宫在财帛宫重叠，巳时盘身宫在夫妻宫重叠是Ａ。

3．个性上命主有选「个性急刚冲快」，辰时盘命身肖是「紫府武相廉、杀破狼」的强势命理组合，巳时盘是柔和的命理组合。

4．命主「喜欢精彩的生活」是紫贪双星的个性特质，辰时盘身宫紫微贪狼双性星，巳时盘不会紫贪。

5．命主「有飘荡感」是天机巨门「波荡格」的双性星赋性，辰时盘身宫被天机巨门夹，而巳时盘没有天机巨门的个性。

6．命主说「体质健康不大好」：

辰时盘：本命疾厄宫是三忌冲的宫位（父甲年生，母乙年生，太阳父忌和本命文昌忌借到寅，冲申宫，申宫加上太阴母忌，成三忌冲）第一大限辛丑限，文昌限忌借到寅冲本命疾厄宫，庚寅限天同限忌冲本命疾厄宫，辛卯限文昌限忌借到寅冲本命疾厄宫，壬辰限武曲限忌六合冲本命疾厄宫，只有45-54，75-84，的大限比较好些。

巳时盘：只有父母双忌夹本命疾厄宫，第一大限庚子限太阳限禄吉化本命疾厄宫，辛丑限文昌限忌不冲本命疾厄宫，庚寅限太阳限禄吉化本命疾厄宫，辛卯限文昌限忌不冲本命疾厄宫，壬辰限武曲限忌不冲本命疾厄宫，巳时盘不符合。

7．「命主学机械」，辰时盘比较像会学机械，巳时盘官禄宫天同不像会学机械。

综上所述，命主是辰时盘对。这个盘比较特别，真太阳时是巳时盘，但因为真太阳时接近时辰分界点，定盘后是辰时盘符合命主。

武曲 平 破军 旺 文昌　　忌 55-64 仆役宫　　癸巳	太阳 旺 权 天魁 地空 旺 65-74 迁移宫　　甲午	天府 旺 左辅 右弼 75-84 疾厄/肖　乙未	天机 平 太阴 旺 陀罗 旺 85-94 财帛宫　　丙申
天同 平 地劫 平 45-54 官禄宫　　壬辰	阴女　　　　　　　　土五局 一九九一年四月 X 日巳时 辛未年 癸巳月		紫微 平 贪狼 陷 禄存 文曲　　科 子女宫　　丁酉
铃星 旺 35-44 田宅宫　　辛卯			巨门 平 禄 擎羊 平 夫妻/身　戊戌
天钺 火星 旺 25-34 福德宫　　庚寅	廉贞 陷 七杀 旺 15-24 父母宫　　辛丑	天梁 平 05-14 命宫　　庚子	天相 旺 兄弟宫　　己亥

图 6-1

武曲 平 破军 旺	太阳 旺 权 文昌　忌 天魁	天府 旺 左辅 右弼 地空 旺	天机 平 太阴 旺 文曲　科 陀罗 旺
45-54 官禄宫　　癸巳	55-64 仆役宫　　甲午	65-74 迁移/肖　乙未	75-84 疾厄宫　　丙申
天同 平 35-44 田宅宫　　壬辰	阴女　　　　　　土五局 一九九一年四月 X 日辰时 辛未年 癸巳月 XX 日 X 辰时		紫微 平 贪狼 陷 禄存 85-94 财帛/身　丁酉
地劫 旺 25-34 福德宫　　辛卯			巨门 平 禄 擎羊 平 子女宫　　戊戌
天钺 铃星 旺 15-24 父母宫　　庚寅	廉贞 陷 七杀 旺 火星 陷 05-14 命宫　　　辛丑	天梁 平 兄弟宫　　庚子	天相 旺 夫妻宫　　己亥

图 6-2

第四章　真太阳时接近时辰分界点又有节气盘的定盘

命例七

　　命主９点１５分生于中国东经１１２．９度，真太阳时８点５９分，接近辰时巳时的分界点，观盘命主阴历九月出生，八字月柱是癸酉，月份不同步，有节气盘存在。查万年历九月四日戌时才进入甲戌月，原盘九月初Ｘ日是甲戌月，节气盘还在癸酉月，以辰时、巳时的原盘和节气盘，四个盘来定盘。

　　１．命主表示性格是比较「柔和」的。考虑辰时原盘和巳时的节气盘，辰时节气盘和巳时原盘的命理组合是「紫府武相廉、杀破狼」个性是强势主导，急刚冲快。

　　２．命主表示不喜欢独来独往，比较喜欢有朋友，害怕一个人。辰时原盘生肖宫是天机天梁擎羊会，是喜欢独处的，不符合。巳时节气盘命宫太阴星喜欢到处去玩，以星带盘天梁平陷喜欢有人陪，

天梁旺喜欢单干，独来独往。

3．二选一：A容易想的多做的少，常有不切实际的想法和作法。B有很好的原创性和天马行空的想像力。

命主选A，以星带盘看是地空平陷的心态。辰时原盘地空在未是旺的（武曲平贪狼旺，故地空旺）巳时节气盘地空在午，因为巨门平故地空平。

4．二选一：A做事容易半途而废，看到别人好，心理有酸葡萄的心理。B看到别人好，不会不舒服，别人好是别人的，自己努力也会成功的。

命主选A，以星带盘看是地劫平陷的心态。辰时原盘地劫在卯宫是旺的（廉贞旺破军平故地劫旺），巳时节气盘地劫在辰宫是平的，因为太阴平。

5．二选一：A喜欢安逸。B闲不住，不怕辛苦不怕累。

命主选Ａ，是辰时原盘或巳时节气盘。辰时原盘天同坐命，巳时节气盘命宫三合天同，辰时节气盘和巳时原盘都是命身「杀破狼」格局。

6．哪个像你？Ａ花钱谨慎，不乱花钱。 Ｂ花钱大方。

命主选Ｂ花钱大方是巳时节气盘。辰时原盘身宫在财帛宫又有禄存，保守，把钱看得很重，花钱谨慎。

7．感情心态方面，命主选「眼光高，喜欢有能力的对象」是巳时节气盘，夫妻宫紫府夹。

命主选「容易受另一半的影响」是巳时盘，身宫和夫妻宫重叠容易受另一半的影响。

命主选「不善于拒绝」是巳时节气盘，夫妻宫的对宫有天同星。

命主选「会为对方付出」是巳时节气盘，夫妻宫的对宫有天梁星，天梁是荫星，会为对方付出。

所以，从感情心态方面来看命主是巳时节气盘。

８．命主说「出生的时候差点死掉了」是巳时节气盘第一大限戊辰限，甲戌年，天机限忌和太阳忌冲本命宫，比辰时原盘凶。

９．小时候会不会常嗑嗑碰碰？有没有受伤或是做过手术？

命主说：「会，小时候经常受伤」是巳时节气盘，命宫有天刑。

１０．这两年哪个心态像你？Ａ有信心。Ｂ觉得茫然，有点压抑。

命主选Ｂ，是巳时节气盘，命主２４岁丙寅限命宫空宫，被羊陀夹比较压抑，辰时原盘己巳限命宫天府星，是有信心的。

１１．个性上命主选「阳光开朗，喜爱人群，喜欢幻想，多愁善感，感情丰富容易伤感」是巳时节气盘命宫太阴星，生肖宫太阳星的个性特质。

命主没选辰时原盘破军、贪狼的个性，个性上命主也是与巳时

节气盘符合。

综上所述，命主是巳时的节气盘。

天府 旺 火星 旺 天刑 15-24 兄弟宫 己巳	天同 平 太阴 陷 文昌 05-14 命宫 庚午	武曲 平 科 贪狼 旺 天钺 地空 旺 铃星 旺 父母宫 辛未	太阳 陷 忌 巨门 旺 文曲 福德宫 壬申
25-34 夫妻宫 戊辰	阳女　　　　　　　土五局 一九九四年九月 X 日辰时 甲戌年 癸酉月		天相 旺 田宅宫 癸酉
廉贞 旺 禄 破军 平 权 擎羊 平 地劫 旺 35-44 子女宫 丁卯			天机 陷 天梁 旺 85-94 官禄/肖 甲戌
右弼 禄存 45-54 财帛/身 丙寅	天魁 陀罗 旺 55-64 疾厄宫 丁丑	左辅 65-74 迁移宫 丙子	紫微 陷 七杀 平 75-84 仆役宫 乙亥

图 7-1

廉贞 旺 禄 贪狼 陷 火星 旺 03-12 命宫　　　　己巳	巨门 平 文昌 父母宫　　　庚午	天相 陷 天钺 地空 陷 铃星 旺 福德宫　　　辛未	天同 旺 天梁 平 文曲 田宅宫　　　壬申
太阴 平 天刑 13-22 兄弟宫　　　戊辰	阳女　　　　　　　　　木三局 一九九四年九月 X 日 辰时节气盘 甲戌年 癸酉月		武曲 旺 科 七杀 旺 83-92 官禄宫　　　癸酉
天府 陷 右弼 地劫 陷 擎羊 平 23-32 夫妻宫　　丁卯			太阳 平 忌 73-82 仆役/肖　　甲戌
禄存 33-42 子女宫　　丙寅	紫微 旺 破军 旺 权 天魁 陀罗 旺 43-52 财帛/身　丁丑	天机 旺 53-62 疾厄宫　　丙子	左辅 63-72 迁移宫　　乙亥

图 7-2

廉贞 旺 禄 贪狼 陷 文昌 天刑 03-12 命宫　　　己巳	巨门 平 地空 平 火星 旺 父母宫　　庚午	天相 陷 天钺 福德宫　　辛未	天同 旺 天梁 平 铃星 陷 田宅宫　　壬申
太阴 平 地劫 平 13-22 兄弟宫　　戊辰	阳女 一九九四年九月 x 日 巳时原盘 甲戌年　癸酉月	木三局	武曲 旺科 七杀 旺 文曲 83-92 官禄宫　　癸酉
天府 陷 擎羊 平 23-32 夫妻/身　丁卯			太阳 平忌 73-82 仆役/肖　甲戌
禄存 右弼 33-42 子女宫　　丙寅	紫微 旺 破军 旺 权 天魁 陀罗 旺 43-52 财帛宫　　丁丑	天机 旺 左辅 53-62 疾厄宫　　丙子	 63-72 迁移宫　　乙亥

图 7-3

廉贞 旺 禄 贪狼 陷 文昌 父母宫　　己巳	巨门 平 地空 平 火星 旺 福德宫　　庚午	天相 陷 天铖 田宅宫　　辛未	天同 旺 天梁 平 铃星 陷 83-92 官禄宫　　壬申
太阴 平 地劫 平 天刑 03-12 命宫　　戊辰	阳女　　　　　　木三局 一九九四年九月 X 日 巳时节气盘 甲戌年 癸酉月 XX 日 X 巳时		武曲 旺 科 七杀 旺 文曲 73-82 仆役宫　　癸酉
天府 陷 右弼 擎羊 平 13-22 兄弟宫　　丁卯			太阳 平 忌 63-72 迁移/肖　　甲戌
禄存 23-32 夫妻/身　　丙寅	紫微 旺 破军 旺 权 天魁 陀罗 旺 33-42 子女宫　　丁丑	天机 旺 43-52 财帛宫　　丙子	左辅 53-62 疾厄宫　　乙亥

图 7-4

命例八

观盘命主阴历七月初Ｘ日生，八字月柱是癸未，月份不同步，有节气盘存在。查万年历七月十三日辰时节气才进入甲申月，原盘七月是甲申月，节气盘还在癸未月。

命主凌晨０４点４５分生于中国东经１２６．６度，真太阳时５点０６分，接近寅时卯时的时辰分界点，应以寅时卯时的原盘、节气盘，四个盘来定盘。

１．哪个个性像你？Ａ强势主导，急刚冲快。Ｂ柔和。

命主选Ａ，卯时节气盘个性柔和不符合。

２．二选一：Ａ常受周遭环境的影响，常有居住环境的变迁，工作的变化，或常在外奔走。Ｂ人生最在乎追求的是事业，事业心很强。

命主选Ｂ事业心很强，是身宫和官禄宫重叠的寅时盘，卯时盘

身宫在迁移宫是Ａ。

3．感情心态方面，命主选「眼光高，喜欢有能力的对象，喜欢帅哥，在乎颜值，感情上比较强势主导，喜欢自己说了算，容易为情伤感，喜欢阳光开朗，成熟稳重的对象，相处时间久了就会产生厌烦的情绪而显得不耐烦，容易觉得对方不夠好」。命主感情心态方面与卯时原盘和寅时节气盘符合，夫妻宫天府星。

4．考虑卯时原盘和寅时节气盘。

5．二选一：Ａ精神生活浪漫唯美感性，桃花运不错而造成感情困扰。Ｂ感情方面不顺利，沒什么桃花运。

命主选Ｂ是寅时节气盘，本命夫妻宫三合「武曲火星」是寡宿格。Ａ是卯时原盘，火星位置不同不成格，福德宫天相文曲同宫是浪漫桃花。

6．你符合以下哪些个性？可以复选：Ａ能言善道，长袖善舞，

按步就班。 B左右圆融，关心体贴别人，善于沟通协调。　C阳光开朗，有话直说，不喜欢拐弯抹角。 D花钱大方，容易财来财去。 E容易纠结，钻牛角尖。 F注重自己的享受，喜欢到处玩。 G喜欢幻想，第六感强，多愁善感。

命主选ＡＢＣＤＥＦＧ，并说「这些都和我非常贴合」。

个性方面，命主选「阳光开朗，有话直说，不喜欢拐弯抹角」是太阳星个性，寅时节气盘阳梁夹身宫，有太阳星的个性，而卯时原盘沒有太阳星的个性。

命主选「花钱大方，容易财来财去」是寅时节气盘，有太阳星个性，花钱大方，财帛宫坐地劫三合地空，容易财来财去。

命主选「重自己的享受，喜欢到处玩，喜欢幻想，第六感强，多愁善感」是太阴星的个性，寅时节气盘身宫六合太阴星，而卯时原盘沒有太阴星的个性。

命主选「能言善道，长袖善舞，按步就班」是寅时节气盘命宫廉贞贪狼。

命主选「左右圆融，关心体贴别人，善于沟通协调」是寅时节气盘，命宫坐右弼，三合左辅。

所以从个性方面来看，命主是寅时的节气盘。

综上所述，命主是寅时节气盘符合。

廉贞 旺 贪狼 陷 04-13 命宫　　　辛巳	巨门 平 14-23 父母宫　　壬午	天相 陷 文曲 文昌 24-33 福德宫　　癸未	天同 旺 天梁 平 权 天钺 地空 旺 34-43 田宅宫　　甲申
太阴 平 忌 右弼 擎羊 旺 兄弟宫　　庚辰	阴女　　　　　　金四局 一九九五年七月 X 日卯时 乙亥年 癸未月		武曲 旺 七杀 旺 44-53 官禄宫　　乙酉
天府 陷 禄存 夫妻宫　　己卯			太阳 平 左辅 54-63 仆役宫　　丙戌
地劫 旺 陀罗 陷 子女宫　　戊寅	紫微 旺 科 破军 旺 铃星 陷 84-93 财帛宫　　己丑	天机 旺 禄 天魁 火星 陷 74-83 疾厄宫　　戊子	64-73　　丁亥 迁移/身/肖

图 8-1

廉贞 旺 贪狼 陷 右弼 14-23 父母宫　　辛巳	巨门 平 24-33 福德宫　　壬午	天相 陷 文曲 文昌 34-43 田宅宫　　癸未	天同 旺 天梁 平 权 天钺 地空 旺 44-53 官禄宫　　甲申
太阴 平 忌 擎羊 旺 04-13 命宫　　庚辰	阴女　　　　　　金四局 一九九五年七月 X 日 卯时节气盘 乙亥年 癸未月		武曲 旺 七杀 旺 左辅 54-63 仆役宫　　乙酉
天府 陷 禄存 兄弟宫　　己卯			太阳 平 64-73 迁移/身　　丙戌
地劫 旺 陀罗 陷 夫妻宫　　戊寅	紫微 旺 科 破军 旺 铃星 陷 子女宫　　己丑	天机 旺 禄 天魁 火星 陷 84-93 财帛宫　　戊子	74-83 疾厄/肖　　丁亥

图 8-2

巨门 旺	廉贞 旺 天相 平 文曲	天梁 旺 权	七杀 旺 文昌 天钺
  兄弟宫　　辛巳	03-12 命宫　　　壬午	13-22 父母宫　　癸未	23-32 福德宫　　甲申
贪狼 旺 右弼 擎羊 旺 夫妻宫　　庚辰	阴女　　　　　　　　木三局 一九九五年七月 X 日 寅时原盘 乙亥年 癸未月		天同 旺 地空 旺 33-42 田宅宫　　乙酉
太阴 陷 忌 禄存 子女宫　　己卯			武曲 平 左辅 43-52 官禄/身　丙戌
紫微 平 科 天府 平 陀罗 陷 83-92 财帛宫　　戊寅	天机 平 禄 地劫 平 73-82 疾厄宫　　己丑	破军 旺 天魁 铃星 陷 63-72 迁移宫　　戊子	太阳 陷 火星 平 53-62 仆役/肖　丁亥

图 8-3

廉贞 旺 贪狼 陷 右弼 04-13 命宫　　　辛巳	巨门 平 文曲 14-23 父母宫　　壬午	天相 陷 24-33 福德宫　　癸未	天同 旺 天梁 平 权 文昌 天钺 34-43 田宅宫　　甲申
太阴 平 忌 擎羊 旺 兄弟宫　　庚辰	阴女　　　　　金四局 一九九五年七月 X 日 寅时节气盘 乙亥年 癸未月 XX 日 X 寅时		武曲 旺 七杀 旺 左辅 地空 旺 44-53 官禄/身　　乙酉
天府 陷 禄存 夫妻宫　　己卯			太阳 平 54-63 仆役宫　　丙戌
陀罗 陷 子女宫　　戊寅	紫微 旺 科 破军 旺 地劫 旺 84-93 财帛宫　　己丑	天机 旺 禄 天魁 铃星 陷 74-83 疾厄宫　　戊子	火星 平 64-73 迁移/肖　　丁亥

图 8-4

第五章 出生时间不确定的定盘

命例九

命主中午１１点以后到１２点左右生于中国东经１０９度，出生地对应北京时间有一个小时的时差，比对巳时和午时的定盘。

１．二选一：Ａ你做事干脆果断，快速利索，不拖泥带水。 Ｂ做事冲劲没那么猛，凡事三思而后行，手脚施展不开，不会义无反顾的往前冲，行动力不强。

命主选Ｂ，以星带盘看是七杀星陷，巳时盘七杀属火在寅宫是陷的。午时盘七杀属火在辰宫旺。（参考附录三：星星亮度）

２．你会不会情绪容易纠结、钻牛角尖？Ａ会。Ｂ不会。

命主选Ａ，巳时盘命宫三合廉贞陷和六合文昌，有情绪方面的问题，廉贞是囚星，廉贞陷更严重不开心。午时盘沒有。

３．命主表示小时候有被烫伤、头撞墙角流血等意外发生，巳

时盘命宫有天刑星。

4．哪个像你？A花钱谨慎，不乱花钱。 B花钱大方。

命主选B，是巳时盘。午时盘财帛宫有禄存，保守不会乱花钱。

5．二选一：A单干力强，喜欢单干，可以独立完成事情。 B
单干力不强，喜欢找人陪，找人一起做事。

命主选A是巳时盘，以星带盘看是天梁旺，单干力强。午时盘
天梁星属土在卯宫是陷的，是B。

6．命主表示小时候家庭氛围不好，经常吵架，是巳时盘田宅
宫巨门。

7．在互动时，感觉命主是急性子，符合强势主导的巳时盘。

8．命主表示小学时学习还可以，初中就很差了。巳时盘第一
大限甲申限廉贞化禄吉化官禄宫，初中时第二大限乙酉限太阴限忌
冲大限官禄宫，符合。

9．感情心态方面，命主选「容易吃醋，眼里容不下一粒沙」的廉贞星心态，巳时盘夫妻宫的对宫有廉贞星且陷，午时盘的夫妻宫不会廉贞星。

１０．命主表示「２０１５年很倒霉」。本命乙亥年太阴忌，２０１５乙未年２０岁乙酉限，三连忌，是大限命宫，流年的福德宫。

１１．命主表示「几乎前二十年都过得不开心」。巳时盘命宫三合廉贞（廉贞属火在子宫是陷的）六合文昌，合成「廉贞文昌」，廉贞是囚星，情绪上不开心，纠结，钻牛角尖，自己把自己囚起来，尤其这个大限丙戌限廉贞化忌在大限福德宫比较严重。

１２．命主表示「从小就对手相八字紫微斗数这些感兴趣」。巳时盘的本命福德宫贪狼星，贪狼星喜学五术。

１３．「２０１６年心情特别不好，也不顺利」。巳时盘命主２２岁，丙戌限丙申年廉贞双忌坐大限福德宫，冲流年命宫，也确实是那一年心情特别不好，也不顺利。

１４．命主表示「情绪特别纠结」。巳时盘命宫三合陷的廉贞星，又六合文昌，情绪特别纠结，遇廉贞星化忌或文昌化忌会更加严重。

１５．「一直都是心情不好，心里烦」。巳时盘还有父亲天机忌和母亲文曲忌双夹命主命宫，命主说「在家就烦，离开家好些」。

１６．命主说「父母长辈对我的关心少，没有温暖」。巳时盘本命忌落父母宫（长辈宫），和他们缘分浅。

综上所述，命主是巳时盘。

太阳 旺 文昌 子女宫　　辛巳	破军 平 地空 平 夫妻/身　　壬午	天机 旺 禄 兄弟宫　　癸未	紫微 平 科 天府 平 天钺 天刑 02-11 命宫　　　甲申
武曲 旺 地劫 旺 擎羊 旺 82-91 财帛宫　　庚辰	阴女　　　　　　水二局 一九九五年腊月 X 日巳时		太阴 旺 忌 文曲 12-21 父母宫　　乙酉
天同 平 禄存 左辅 铃星 旺 72-81 疾厄宫　　己卯			贪狼 陷 22-31 福德宫　　丙戌
七杀 陷 火星 旺 陀罗 陷 62-71 迁移宫　　戊寅	天梁 旺 权 52-61 仆役宫　　己丑	廉贞 陷 天相 旺 天魁 42-51 官禄宫　　戊子	巨门 旺 右弼 32-41 田宅/肖　　丁亥

图 9-1

天机 陷 禄 地空 陷 地劫 陷 夫妻宫　　辛巳	紫微 旺 科 兄弟宫　　壬午	 03-12 命宫/身　癸未	破军 旺 天钺 天刑 13-22 父母宫　　甲申
七杀 旺 文昌 铃星 平 擎羊 旺 子女宫　　庚辰	阴女　　　　　　木三局 一九九五年腊月 X 日午时		 23-32 福德宫　　乙酉
太阳 旺 天梁 陷 权 禄存 左辅 火星 旺 83-92 财帛宫　　己卯			廉贞 旺 天府 旺 文曲 33-42 田宅宫　　丙戌
武曲 陷 天相 平 陀罗 陷 73-82 疾厄宫　　戊寅	天同 旺 巨门 旺 63-72 迁移宫　　己丑	贪狼 旺 天魁 53-62 仆役宫　　戊子	太阴 旺 忌 右弼 43-52 官禄/肖　丁亥

图 9-2

命例十

命主出生时间不确定，大约是早上９点至１１点多，出生地在中国东经１０８度，出生地对应北京时间有近一个小时的时差，考虑辰时、巳时和午时的定盘。

１．命主选「人生最在乎夫妻家庭方面」是巳时盘，身宫与夫妻宫重叠。

２．命主选「求财心态不积极」。辰时盘的财帛宫是「杀破狼」组合，求财积极。巳时盘财帛宫「机巨同梁」求财不积极，夠用就好。午时盘的财帛宫也是「杀破狼」组合，求财积极。故求财心态上命主是巳时盘。

３．命主喜欢有独处的空间，比较宅。辰时盘没有宅的个性。巳时盘命宫三合天机，福德宫天机天梁喜欢独来独往，喜欢有独处的空间。午时盘福德宫六合天梁，命身贪狼是外向的。

４．命主和母亲说不上两句话就会吵，巳时盘母亲丁年生巨门

化忌落命主命宫。

5．工作心态上选「不喜欢被管，工作一阵子就会失去兴趣，想换别的工作」是官禄宫天同的心态。巳时盘官禄宫天同星。午时盘官禄宫七杀，工作心态上是不怕苦不怕累，闲不住的人。辰时盘官禄宫也是杀破狼组合。

6．感情心态方面命主「喜欢有独处的空间」。辰时盘有这个心态。巳时盘夫妻宫三合天梁有喜欢独处，不喜欢对象太粘人的心态。午时盘沒有这个心态。

7．个性方面，命主选择「容易受另一半影响」是巳时盘身宫和夫妻宫重叠符合。

8．命主有太阴星的个性，巳时盘身宫太阴星，午时盘沒有太阴星的个性。

9．事件：命主１３岁，戊寅年生大病。

辰时盘：１３岁庚子限，天同限忌不引动本命疾厄宫，也不冲大限疾厄未宫，戊寅年天机忌不引动大限疾厄宫未宫，天机忌落流年疾厄酉宫。

巳时盘：１３岁庚子限，天同限忌冲大限疾厄未宫，戊寅流年天机忌引动大限疾厄未宫，大限天同限忌冲流年疾厄酉宫，比较符合。

午时盘：１３岁己亥限，文曲限忌冲大限疾厄午宫，戊寅年天机忌有引动大限疾厄午宫，但文曲忌天机忌都不影响流年疾厄酉宫，比较起来是巳时盘比较符合。

综上所述，命主应该是巳时盘对。

天同 旺 禄 禄存 火星 旺 55-64 仆役宫　　癸巳	武曲 陷 天府 旺 文昌　科 左辅 擎羊 陷 65-74 迁移宫　　甲午	太阳 旺 太阴 陷 地空 平 铃星 旺 75-84 疾厄宫　　乙未	贪狼 平 文曲 右弼 85-94 财帛/身　　丙申
破军 平 陀罗 旺 45-54 官禄宫　　壬辰	阳男　　　　　　土五局 一九八六年三月 X 日辰时		天机 陷 权 巨门 旺 天钺 子女宫　　丁酉
地劫 旺 36-44 田宅宫　　辛卯			紫微 旺 天相 平 夫妻宫　　戊戌
廉贞 旺 忌 25-34 福德/肖　　庚寅	15-24 父母宫　　辛丑	七杀 平 05-14 命宫　　庚子	天梁 陷 天魁 兄弟宫　　己亥

图 10-1

太阳 旺 禄存 文昌　科 63-72 迁移宫　　癸巳	破军 平 左辅 地空 平 火星 旺 擎羊 陷 73-82 疾厄宫　　甲午	天机 旺 权 83-92 财帛宫　乙未	紫微 平 天府 平 右弼 铃星 陷 子女宫　　丙申
武曲 旺 地劫 旺 陀罗 旺 53-62 仆役宫　　壬辰	阳男　　　　　　　木三局 一九八六年三月 X 日巳时		太阴 旺 文曲 天钺 夫妻/身　　丁酉
天同 平 禄 43-52 官禄宫　　辛卯			贪狼 陷 兄弟宫　　戊戌
七杀 陷 33-42 田宅/肖　庚寅	天梁 旺 23-32 福德宫　辛丑	廉贞 陷 忌 天相 旺 13-22 父母宫　庚子	巨门 旺 天魁 03-12 命宫　　己亥

图 10-2

太阳 旺 禄存 地空 旺 地劫 旺 73-82 疾厄宫　　癸巳	破军 平 左辅 擎羊 陷 83-92 财帛宫　　甲午	天机 旺 权 火星 旺 子女宫　　乙未	紫微 平 天府 平 右弼 夫妻宫　　丙申
武曲 旺 文昌　科 陀罗 旺 63-72 迁移宫　　壬辰	阳男　　　　　　木三局 一九八六年三月 X 日午时		太阴 旺 天钺 铃星 平 兄弟宫　　丁酉
天同 平 禄 53-62 仆役宫　　辛卯			贪狼 陷 文曲 03-12 命宫/身　戊戌
七杀 陷 43-52 官禄/肖　庚寅	天梁 旺 33-42 田宅宫　　辛丑	廉贞 陷 忌 天相 旺 23-32 福德宫　　庚子	巨门 旺 天魁 13-22 父母宫　　己亥

图 10-3

第六章　闰月的定盘

闰月出生的怎么排盘？

这个有很多种说法，有人说闰月十五日以前生的算当月的，十六日以后生的算后一个月的，例如闰五月十五日前生的算五月的，闰五月十六日以后生的算六月的，不过最好排一个五月的盘，再排一个六月的盘，然后以人工「定盘」确认哪个命盘符合命主的轨迹。尤其是在月中十五日左右的最好定一下盘，总之就是要「定盘」确认正确的命盘。

命例十一

命主闰十月十八日晚上１０点多生于中国东经１０８度，真太阳时是亥时。观盘命主阴历闰十月生，八字月柱是丙子，月份不同步，有节气盘存在。查万年历闰十月十五日卯时节气进入丙子月，原盘是乙亥月，节气盘是丙子月。以亥时原盘（十月盘）和亥时节气盘（十一月盘）来定盘。

１．感情心态方面哪个像你？二选一：Ａ感情上比较强势主导，喜欢有能力有企图心的帅哥，不善表达自己的感觉。Ｂ感情上柔和，喜欢阳光开朗斯文柔和的对象，会为对方付出。

命主选Ａ是亥时原盘，夫妻宫紫相，三方「紫府武相廉破」的强势组合。

２．个性上命主选「个性急刚冲快」「主导性强，有优越感，喜欢指挥领导人群」「情绪化，做什么都快速利索，闲不住的人，爱干净」「好管闲事，好打抱不平，善调解纠纷」是亥时原盘，命身肖「杀

破狼、紫府武相廉」的命理组合。

　　命主闰十月十八日生，个性心态是十月的原盘对，如果用「传统十六日以后用下个月的原则」的话就会用错盘了。

　　综上所述，命主是亥时的原盘（用十月排盘）　　。

天同 旺	武曲 陷 科 天府 旺	太阳 旺 忌 太阴 陷 天钺	贪狼 平
72-81 仆役宫　　己巳	62-71 迁移宫　　庚午	52-61 疾厄宫　　辛未	42-51 财帛宫　　壬申
破军 平 权	阳女　　　　　　水二局 一九八四年闰十月十八日 亥时原盘 甲子 丙子 戊寅 癸亥		天机 陷 巨门 旺 铃星 平
82-91 官禄宫　　戊辰			32-41 子女宫　　癸酉
文曲 擎羊 平			紫微 旺 天相 平 地劫 旺
田宅宫　　丁卯			22-31 夫妻/身　甲戌
廉贞 旺 禄 禄存	左辅 右弼 天魁 火星 陷 陀罗 旺	七杀 平 地空 平	天梁 陷 文昌
福德宫　　丙寅	父母宫　　丁丑	02-11 命宫/肖　丙子	12-21 兄弟宫　　乙亥

图 11-1

天同 旺 82-91 官禄宫　　　己巳	武曲 陷 科 天府 旺 72-81 仆役宫　　　庚午	太阳 旺 忌 太阴 陷 天钺 62-71 迁移宫　　　辛未	贪狼 平 52-61 疾厄宫　　　壬申
破军 平 权 田宅宫　　　戊辰	阳女　　　　　　　　水二局 一九八四年闰十月十八日 亥时节气盘 甲子 丙子 戊寅 癸亥		天机 陷 巨门 旺 铃星 平 42-51 财帛宫　　　癸酉
文曲 擎羊 平 福德宫　　　丁卯			紫微 旺 天相 平 地劫 旺 32-41 子女宫　　　甲戌
廉贞 旺 禄 禄存 左辅 02-11 父母宫　　　丙寅	天魁 火星 陷 陀罗 旺 命宫　　　丁丑	七杀 平 右弼 地空 平 12-21 兄弟/肖　　　丙子	天梁 陷 文昌 22-31 夫妻/身　　　乙亥

图 11-2

命例十二

命主１６点３０分左右生于中国东经９９度，出生地对应北京时间有９０分钟的时差，当时有夏令时实施，如果有用夏令时，是未时盘，如果沒用夏令时，真太阳时１５点０１分，接近时辰分界点，也要以未时申时定盘。查万年历闰六月十四日立秋节气进入戊申月，原盘闰六月二十日是丁未月（六月盘），节气盘是戊申月（七月盘），故应以未时、申时的原盘和节气盘，四个盘来定盘。

１．在感情心态方面，命主选「容易吃醋，眼里容不下沙」是未时节气盘夫妻宫廉贞星的心态，其他三个盘的三方四正六合均不会廉贞星。

２．二选一：A喜欢安逸。B闲不住的人，不怕辛苦不怕累。

命主选B是未时节气盘，其他三个盘的福德宫均是天同星，喜欢安逸。

３．你喜欢怎样的家庭环境或布置？A喜欢气派的豪宅，或是装潢布置摆饰有豪华的氛围。B喜欢收拾的干干净净，比较勤快。C喜欢阳光充足的房子。

命主选C，未时节气盘的田宅宫太阳星，符合命主喜欢阳光充足的房子。

4．二选一：A重视精神生活，有兴趣爱好。B重视事业，事业心很强。

命主选A是未时盘，身宫和福德宫重叠。

5．你会不会喜欢独来独往，喜欢有独处的空间，或是比较宅？A会。B不会。

命主选B是未时节气盘，命身肖均不会天机天梁，而其他三个盘都有天机天梁，会喜欢独处，有独来独往的个性。未时原盘身宫三合天机天梁，申时原盘命宫三合天机天梁擎羊会，申时节气盘福德宫三合天机天梁。

综上所述，命主是未时节气盘，以七月排的盘。

右弼 铃星 旺 陀罗 平 53-62 仆役宫　　　乙巳	天机 平 科 禄存 地劫 平 63-72 迁移宫　　　丙午	紫微 旺 破军 陷 擎羊 平 73-82 疾厄宫　　　丁未	83-92 财帛宫　　　戊申
太阳 旺 地空 旺 火星 平 43-52 官禄宫　　　甲辰	阴女　　　　　　　木三局 一九八七年闰六月二十日 未时原盘 丁卯　戊申　乙未　癸未		天府 平 左辅 天钺 子女宫　　　己酉
武曲 平 七杀 平 文昌 33-42 田宅/肖　　癸卯			太阴 旺 禄 夫妻宫　　　庚戌
天同 平 权 天梁 平 23-32 福德/身　　壬寅	天相 旺 13-22 父母宫　　　癸丑	巨门 旺 忌 03-12 命宫　　　　壬子	廉贞 平 贪狼 旺 文曲 天魁 兄弟宫　　　辛亥

图 12-1

铃星 旺 陀罗 平 43-52 官禄宫　　　乙巳	天机 平 科 禄存 地劫 平 53-62 仆役宫　　　丙午	紫微 旺 破军 陷 擎羊 平 63-72 迁移宫　　　丁未	 73-82 疾厄宫　　　戊申
太阳 旺 右弼 地空 旺 火星 平 33-42 田宅宫　　　甲辰	阴女　　　　　　　木三局 一九八七年闰六月二十日 未时节气盘 丁卯 戊申 乙未 癸未		天府 平 天钺 83-92 财帛宫　　　己酉
武曲 平 七杀 平 文昌 23-32　　　癸卯 福德/身/肖			太阴 旺 禄 左辅 子女宫　　　庚戌
天同 平 权 天梁 平 13-22 父母宫　　　壬寅	天相 旺 03-12 命宫　　　癸丑	巨门 旺 忌 兄弟宫　　　壬子	廉贞 平 贪狼 旺 文曲 天魁 夫妻宫　　　辛亥

图 12-2

天机 陷 科 右弼 火星 旺 陀罗 平 64-73 迁移宫　　　乙巳	紫微 旺 禄存 铃星 旺 74-83 疾厄宫　　　丙午	地劫 旺 擎羊 平 84-93 财帛宫　　　丁未	破军 旺 子女宫　　　戊申
七杀 旺 54-63 仆役宫　　　甲辰	阴女　　　　　　　金四局 一九八七年闰六月二十日 申时原盘 丁卯 戊申 乙未 甲申		左辅 天钺 夫妻宫　　　己酉
太阳 旺 天梁 陷 地空 平 44-53　　　癸卯 官禄宫/身/肖			廉贞 旺 天府 旺 兄弟宫　　　庚戌
武曲 陷 天相 平 文昌 34-43 田宅宫　　　壬寅	天同 旺 权 巨门 旺 忌 24-33 福德宫　　　癸丑	贪狼 旺 文曲 14-23 父母宫　　　壬子	太阴 旺 禄 天魁 04-13 命宫　　　辛亥

图 12-3

火星 旺 陀罗 平 53-62 仆役宫　　乙巳	天机 平 科 禄存 铃星 旺 63-72 迁移宫　　丙午	紫微 旺 破军 陷 地劫 平 擎羊 平 73-82 疾厄宫　　丁未	 83-92 财帛宫　　戊申
太阳 旺 右弼 43-52 官禄/身　甲辰	阴女　　　　　　　木三局 一九八七年闰六月二十日 申时节气盘 丁卯 戊申 乙未 甲申		天府 平 天钺 子女宫　　己酉
武曲 平 七杀 平 地空 平 33-42 田宅/肖　癸卯			太阴 旺 禄 左辅 夫妻宫　　庚戌
天同 平 权 天梁 平 文昌 23-32 福德宫　　壬寅	天相 旺 13-22 父母宫　　癸丑	巨门 旺 忌 文曲 03-12 命宫　　　壬子	廉贞 平 贪狼 旺 天魁 兄弟宫　　辛亥

图 12-4

第七章　定盘的特别例子

命例十三

命主１２点４５分生于中国东经１２０．８８度，真太阳时１２点４６分，接近午时、未时的时辰分界点左右１５分钟内，以午时和未时盘来定盘。

１．分别说说你父母的个性？

命主形容父亲「有时候会像小孩子一样，犯懒」父亲申年生，以申宫为父亲的生肖宫，未时盘申宫天同星符合命主形容父亲像小孩子一样会犯懒。午时盘的申宫是七杀星，不符合命主描述父亲的个性。命主形容母亲「比较爱操劳，吃苦耐劳」母亲属牛以丑宫为母亲的生肖宫，未时盘丑宫「紫微破军」杀破狼组合符合命主描述母亲的个性「比较爱操劳，吃苦耐劳」。而午时盘的丑宫是天机星，是机巨同梁的柔和组合。所以未时盘比较符合。

2．你会不会喜欢独来独往，喜欢有独处的空间，或是比较宅？

A会。 B不会。

命主选A，比较喜欢一个人行动。未时盘生肖宫「天机天梁擎羊会」符合命主比较喜欢一个人行动。午时盘命身肖均不会天机天梁，没有这个性。

3．个性上命主有选「个性柔和」是未时盘生肖宫「机月同梁」的柔和组合，骨子里有柔和的个性。

4．个性上命主选「有点现实，沒有好处的事不会去做」是未时盘生肖宫六合紫破双星赋性。

5．个性上命主选「懒散天真，多才多艺，很爱学东西，好奇心强，怕压力，爱自由，爱热闹，喜欢新鲜感，喜欢接触新事物，喜欢研究不了解的东西」是天同星的个性，未时盘生肖宫三合天同星，而午时盘命身肖均不会天同星。

综上所述，命主应该是未时盘。这个盘比较特别，真太阳时 1

2点46分是午时，定盘后是未时盘符合命主。

巨门 旺 禄存 地空 旺 地劫 旺 73-82 疾厄宫　　　癸巳	廉贞 旺 忌 天相 平 左辅 擎羊 陷 83-92 财帛宫　　　甲午	天梁 旺 子女宫　　　乙未	七杀 旺 右弼 火星 陷 夫妻宫　　　丙申
贪狼 旺 文昌　　科 铃星 平 陀罗 旺 63-72 迁移宫　　　壬辰	阳男　　　　　　　　木三局 一九九六年三月 X 日午时		天同 旺 禄 天钺 兄弟宫　　　丁酉
太阴 陷 53-62 仆役宫　　　辛卯			武曲 平 文曲 03-12 命宫/身　　戊戌
紫微 平 天府 平 43-52 官禄宫　　　庚寅	天机 平 权 33-42 田宅宫　　　辛丑	破军 旺 23-32 福德/肖　　庚子	太阳 陷 天魁 13-22 父母宫　　　己亥

图 13-1

廉贞 旺 忌 贪狼 陷 禄存 铃星 旺 86-95 财帛宫　　　癸巳	巨门 平 左辅 地劫 平 擎羊 陷 子女宫　　　甲午	天相 陷 夫妻宫　　　乙未	天同 旺 禄 天梁 平 右弼 兄弟宫　　　丙申
太阴 平 地空 平 陀罗 旺 76-85 疾厄宫　　　壬辰	阳男　　　　　　火六局 一九九六年三月 X 日未时		武曲 旺 七杀 旺 天钺 火星 平 06-15 命宫　　　　丁酉
天府 陷 文昌　科 66-75 迁移宫　　　辛卯			太阳 平 16-25 父母宫　　　戊戌
56-65 仆役宫　　　庚寅	紫微 旺 破军 旺 46-55 官禄宫　　　辛丑	天机 旺 权 36-45 田宅/肖　　　庚子	文曲 天魁 26-35 福德/身　　　己亥

图 13-2

命例十四

命主２１点２０分生于中国东经１１９．７７度，真太阳时２１点１５分接近戌时、亥时的时辰分界点左右十五分钟，考虑戌时、亥时盘的定盘。

１．在感情心态方面，哪个像你？A喜欢有能力的帅哥，比较强势，不太喜欢沟通。B处理感情柔和，有些被动，喜欢有自己独处的空间，不喜欢对方太粘人。

命主选B是戌时盘，夫妻宫天同太阴处理感情柔和，三合天机天梁喜欢有自己独处的空间，不喜欢对方太粘人。亥时盘的感情心态是A。

２．小时候三天两头生病，健康状况不好。

戌时盘：父母皆丙年生，廉贞双忌坐命主本命疾厄宫，体质不好，第一大限戊寅限天机限忌六合引动疾厄宫，成立。

亥时盘：疾厄宫没问题，还有父母双禄马交驰，第一大限己丑限，武曲限禄六合吉化本命疾厄宫，文曲限忌不冲疾厄宫，不成立。

3．事件：２０１５乙未年，乙酉月，命主２６岁，感情分手。

戌时盘：命主２６岁，戊子限，２０１５乙未年流年夫妻宫在巳宫，天机限忌和太阴忌借到午宫双夹流年夫妻巳宫，乙酉月太阴忌借到申宫六合引动流年夫妻宫成立，而亥时盘不成立。

4．命主说和父母感情很好，亥时盘父母皆丙年生廉贞双忌入命主的命宫，不符合。

综上所述，命主应该是戌时盘。

紫微 旺 七杀 平		天钺 陀罗 平	禄存
田宅宫　　辛巳	85-94 官禄/肖　　壬午	75-84 仆役宫　　癸未	65-74 迁移宫　　甲申
天机 旺 天梁 平	阳女　　　　　　　土五局 一九九零年十一月 X 日戌时		廉贞 平 破军 旺 地劫 旺 擎羊 旺
福德宫　　庚辰			55-64 疾厄宫　　乙酉
天相 平			
父母宫　　己卯			45-54 财帛/身　　丙戌
太阳 旺 禄 巨门 平 文曲 左辅	武曲 旺 权 贪狼 平 天魁 地空 旺 铃星 陷	天同 旺 忌 太阴 旺 科 文昌 右弼	天府 陷 火星 平
05-14 命宫　　戊寅	15-24 兄弟宫　　己丑	25-34 夫妻宫　　戊子	35-44 子女宫　　丁亥

图 14-1

武曲 平 权 破军 旺 86-95 官禄宫　　辛巳	太阳 旺 禄 76-85 仆役/肖　壬午	天府 旺 天钺 陀罗 平 66-75 迁移宫　　癸未	天机 平 太阴 旺 科 禄存 56-65 疾厄宫　　甲申
天同 平 忌 田宅宫　　庚辰	阳女　　　　　　火六局 一九九零年十一月 X 日亥时		紫微 平 贪狼 陷 擎羊 旺 46-55 财帛宫　　乙酉
文曲 福德宫　　己卯			巨门 平 地劫 平 36-45 子女宫　　丙戌
左辅 铃星 旺 父母宫　　戊寅	廉贞 陷 七杀 旺 天魁 06-15 命宫　　　己丑	天梁 平 右弼 地空 平 火星 陷 16-25 兄弟宫　　戊子	天相 旺 文昌 26-35 夫妻/身　　丁亥

图 14-2

命例十五

命主１４点５５分生于中国东经１１３．８５度，真太阳时１４点４３分是未时，但因接近未时、申时的时辰分界点，以未时和申时盘定盘。

１．哪个个性像你？Ａ强势主导，急刚冲快。Ｂ个性柔和。

命主选Ｂ个性柔和，是申时盘命身「机月同梁、巨日」的命理组合。未时盘命身肖是「紫府武相廉、杀破狼」的强势主导命理组合。

２．你会不会喜欢独来独往，喜欢有独处的空间，或是比较宅？Ａ会。Ｂ不会。

命主选Ａ喜欢独处，挺宅的，是申时盘命宫天机天梁会。未时盘命身肖均不会天机天梁。

３．感情心态方面，命主选「喜欢成熟稳重的对象」申时盘夫

妻宫对宫有天梁星。

4．二选一：A人生最在乎追求的是事业，事业心很强。B重视精神生活，有兴趣爱好。

命主选A，更喜欢追求事业。申时盘身宫和官禄宫重叠，符合。

5．你和母亲的感情如何？相处的怎么样？

命主表示「从小是妈妈带大的，但是可能三观不合吧，处几天就容易吵架」母亲戊年生，申时盘母天机忌落命主命宫有这种感觉。

6．事件：命主说自己在２００４甲申年被车撞。意外事件重点宫位看迁移宫。

未时盘：命主１２岁丙辰限，廉贞限忌不冲本命迁移或是大限迁移宫，２００４甲申年，流年迁移在寅，廉贞限忌不冲，太阳忌借到申冲流年迁移宫。

申时盘：命主１２岁乙卯限，太阴限忌引动本命迁移宫申宫，

２００４甲申流年迁移宫坐大限太阴限忌，甲申流年太阳忌借到申冲寅宫引动流年迁移宫，成立。

命主出生的真太阳时１４点４３分在未时，但是个性心态和事件的轨迹是申时盘符合。

综上所述，命主是申时盘。

天相 旺 天钺 铃星 旺 22-31 福德/身　　丁巳	天梁 旺 地劫 旺 32-41 田宅宫　　戊午	廉贞 旺 七杀 平 42-51 官禄宫　　己未	 52-61 仆役宫　　庚申
巨门 平 权 地空 平 12-21 父母宫　　丙辰	阴女　　　　　　　水二局 一九九三年九月 X 日未时		 62-71 迁移/肖　　辛酉
紫微 陷 贪狼 旺 忌 文昌 天魁 02-11 命宫　　　乙卯			天同 平 火星 旺 72-81 疾厄宫　　壬戌
天机 旺 太阴 陷 右弼 兄弟宫　　甲寅	天府 旺 擎羊 旺 夫妻宫　　乙丑	太阳 陷 科 禄存 左辅 子女宫　　甲子	武曲 平 破军 旺 禄 文曲 陀罗 平 82-91 财帛宫　　癸亥

图 15-1

天相 旺 天钺 32-41 田宅宫 丁巳	天梁 旺 铃星 旺 42-51 官禄/身 戊午	廉贞 旺 七杀 平 地劫 旺 52-61 仆役宫 己未	62-71 迁移宫 庚申
巨门 平 权 22-31 福德宫 丙辰	阴女 水二局 一九九三年九月 X 日申时		72-81 疾厄/肖 辛酉
紫微 陷 贪狼 旺 忌 天魁 地空 平 12-21 父母宫 乙卯			天同 平 82-91 财帛宫 壬戌
天机 旺 太阴 陷 文昌 右弼 02-11 命宫 甲寅	天府 旺 擎羊 旺 兄弟宫 乙丑	太阳 陷 科 禄存 文曲 左辅 夫妻宫 甲子	武曲 平 破军 旺 禄 火星 平 陀罗 平 子女宫 癸亥

图 15-2

命例十六

观盘命主阴历九月生，八字月柱是丁亥，月份不同步，有节气盘存在。查万年历九月十六日卯时立冬节气已经进入丁亥月，原盘是丙戌月，节气盘是丁亥月。命主１１点１１分生于中国东经１１６．６度，真太阳时１１点１２分接近巳时午时分界点左右１５分钟内，考虑巳时、午时的原盘和节气盘，四个盘的定盘。

１．命主表示「个性刚烈，不怕辛苦不怕累」，午时原盘命身天机天梁不符合。

２．命主表示「有时候也喜欢淡泊」，是巳时节气盘生肖宫天梁星。

３．你和父亲的感情怎么样？命主的自述，觉得是巳时节气盘，父壬年生武曲忌落命主命宫。

４．二选一：A喜欢把一切事物都提早规划好，安排的井井有条，规划能力很强。B不喜欢规划，不爱动脑子安排。

命主选 B，以星带盘看天机星是陷的，只有巳时节气盘天机星属木在酉宫是陷的符合。

5．感情心态方面，命主选「喜欢漂亮的对象，比较颜控」是夫妻宫有天相星的心态，午时节气盘、巳时的原盘和节气盘都有。

命主选「不喜欢没有勇气，软弱，依赖对方的对象」夫妻宫有七杀星的心态，只有巳时节气盘符合。

命主选「喜欢独立，勇敢，有主见，有理想，正直讲义气的对象」是夫妻宫有七杀星的心态，只有巳时节气盘有。

命主选「喜欢活泼坏坏的女生」是夫妻宫有贪狼星的心态，也只有巳时节气盘有。

所以，从感情心态上看，命主是巳时节气盘。

6．个性方面，命主选「喜欢古老的事物」是巳时节气盘生肖宫天梁星，午时节气盘没有这个性。

命主选「工作方面，外表服从，有机会的话也想自立门户」巳时节气盘官禄宫紫微天相，对宫破军星，其他三个盘都没有这心态。

命主选「有波动感，有不稳定的感觉」巳时节气盘身宫六合天机巨门波荡格。

命主选「容易自寻烦恼，杞人忧天」午时节气盘不会天机星。

命主选「强硬不妥协，不善表达自己的感觉，硬邦邦的一板一眼，比较严肃，对人事物有好恶感」午时原盘不会武曲星，巳时节气盘命宫武曲星。

命主选「多才多艺，很爱学东西，好奇心强，爱自由，爱热闹，爱享受，有孩子气」午时节气盘和巳时原盘不会天同星。

命主选「喜欢幻想，第六感强，多愁善感，感情丰富容易伤感」午时节气盘和巳时原盘不会太阴星。

命主选「重视朋友，足智多谋，擅长出点子」午时原盘不会贪

狼星。

命主说「喜欢公平，不走后门，有我自己的道义」是巳时节气盘命宫武曲星的个性。

综合命主的个性，正如命主说「性格多变」是巳时节气盘。

7．事件一：命主说「我没心跳了，不得已破腹　出来」是巳时节气盘命宫有凶象，父壬年生给了命主武曲忌，母庚年生给了命主天同忌，命宫成太阴本命忌和天同母忌夹武曲父忌的「双忌夹忌」，第一大限壬午限武曲限忌落命宫引动凶格，乙亥年太阴忌六合引动命宫凶象，其他三个盘的命宫不凶。

8．事件二：「一岁左右的时候，鼻子里就做了一个大手术」

午时原盘：本命宫不凶，第一大限庚辰限天同限忌不冲疾厄宫，丙子年廉贞忌不引动疾厄宫，不符合。

午时节气盘：命宫不凶，第一大限辛巳限文昌限忌冲疾厄宫，

丙子年廉贞忌不引动，不符合。

巳时原盘：第一大限辛巳限文昌限忌落大限命宫，不冲疾厄宫，丙子年廉贞忌不引动疾厄宫，冲本命宫，「廉忌昌忌」是情绪有问题。

巳时节气盘：第一大限壬午限武曲限忌落本命和大限命宫，成「双忌夹忌」凶格，丙子年廉贞忌冲午宫引动本命宫凶格，丙子流年七杀流年命宫，危险，比较起来巳时节气盘比较符合这个凶象。

9．事件三：「小时候脑袋还有两处伤，都伤到骨头了」「糖卡气管差点死了，我脸都紫了，还有毛血管破裂了」等意外伤害都是巳时节气盘命宫及第一大限命宫凶格，巳时节气盘命宫还有天刑。

１０．事件四：「２０１３年我骑车被公交车撞了」意外事件的重点宫位看迁移宫。

午时节气盘：命主１９岁庚辰限，天同限忌不冲本命迁移宫，借到午宫可以冲大限迁移戌宫，２０１３癸巳年贪狼忌不引动大限

迁移戌宫，借到未宫可以冲流年迁移亥宫。

巳时原盘和午时节气盘是同盘型，四化的引动相同。

巳时节气盘：命主１９岁辛巳限，２０１３癸巳年，大限流年重叠，吉凶加倍，辛巳限文昌限忌落大限命宫，冲大限流年迁移宫，癸巳年贪狼忌六害入大限流年迁移亥宫引动，大限文昌限忌流年贪狼忌合成「贪忌昌忌」粉身碎骨凶格，２０１３年多麻烦事，命主说多变动，多事之年，巳时节气盘符合。

１１．命主说「有很多意外凶险之事」。

巳时节气盘：本命迁移宫七杀星，武曲父忌冲，本命太阴忌借到丑六合迁移宫，天同母忌借到丑宫六合迁移宫，本命迁移宫被三忌冲。第一大限壬午限武曲限忌冲本命和大限迁移宫，第二大限辛巳限文昌限忌冲大限迁移亥宫。

午时节气盘：第一大限辛巳限文昌限忌不冲本命和大限迁移宫，

第二大限庚辰限，天同限忌借到午宫冲大限迁移戌宫，借宫的力量比较弱，（巳时原盘和午时节气盘是同盘型）不如巳时节气盘符合。

　　考虑巳时、午时的原盘和节气盘，四个盘的定盘，综上所述，命主是巳时的节气盘符合。

紫微　旺　科 七杀　平 地空　旺 地劫　旺 父母宫　　辛巳	福德宫　　壬午	田宅宫　　癸未	天铖 84-93 官禄宫　　甲申
天机　旺　禄 天梁　平　权 文昌 铃星　平 擎羊　旺 04-13 命宫/身　庚辰	阴男　　　　　　金四局 一九九五年九月 X 日 午时原盘 乙亥年　丁亥月		廉贞　平 破军　旺 74-83 仆役宫　　乙酉
天相　平 禄存 火星　旺 14-23 兄弟宫　　己卯			文曲 64-73 迁移宫　　丙戌
太阳　旺 巨门　平 右弼 陀罗　陷 24-33 夫妻宫　　戊寅	武曲　旺 贪狼　平 34-43 子女宫　　己丑	天同　旺 太阴　旺　忌 左辅 天魁 44-53 财帛宫　　戊子	天府　陷 54-63 疾厄/肖　丁亥

图 16-1

紫微 旺 科 七杀 平 地空 旺 地劫 旺 04-13 命宫/身　　辛巳	天刑 父母宫　　壬午	 福德宫　　癸未	天钺 田宅宫　　甲申
天机 旺 禄 天梁 平 权 文昌 铃星 平 擎羊 旺 14-23 兄弟宫　　庚辰	阴男　　　　　　金四局 一九九五年九月 X 日 午时节气盘 乙亥年 丁亥月		廉贞 平 破军 旺 84-93 官禄官　　乙酉
天相 平 禄存 火星 旺 24-33 夫妻宫　　己卯			文曲 74-83 仆役宫　　丙戌
太阳 旺 巨门 平 陀罗 陷 34-43 子女宫　　戊寅	武曲 旺 贪狼 平 左辅 右弼 44-53 财帛宫　　己丑	天同 旺 太阴 旺 忌 天魁 54-63 疾厄宫　　戊子	天府 陷 64-73 迁移/肖　　丁亥

图 16-2

紫微 旺 科 七杀 平 文昌 天刑 04-13 命宫　　　　辛巳	地空 旺 父母宫　　　　壬午	 福德宫　　　癸未	天钺 田宅宫　　　甲申
天机 旺 禄 天梁 平 权 地劫 旺 擎羊 旺 14-23 兄弟宫　　　庚辰	阴男　　　　　　　金四局 一九九五年九月 X 日 巳时原盘 乙亥年　丁亥月		廉贞 平 破军 旺 文曲 84-93 官禄宫　　　乙酉
天相 平 禄存 铃星 旺 24-33 夫妻/身　己卯			74-83 仆役宫　　　丙戌
太阳 旺 巨门 平 右弼 火星 旺 陀罗 陷 34-43 子女宫　　　戊寅	武曲 旺 贪狼 平 44-53 财帛宫　　　己丑	天同 旺 太阴 旺 忌 左辅 天魁 54-63 疾厄宫　　　戊子	天府 陷 64-73 迁移/肖　丁亥

图 16-3

天同 旺 文昌 13-22 兄弟宫　　辛巳	武曲 陷 天府 旺 地空 平 天刑 03-12 命宫　　壬午	太阳 旺 太阴 陷 忌 父母宫　　癸未	贪狼 平 天钺 福德宫　　甲申
破军 平 地劫 平 擎羊 旺 23-32 夫妻/身　　庚辰	阴男　　　　　　木三局 一九九五年九月 X 日 巳时节气盘 乙亥年　丁亥月　XX 日　X 巳时		天机 陷 禄 巨门 旺 文曲 田宅宫　　乙酉
禄存 铃星 33-42 子女宫　　己卯			紫微 旺 科 天相 平 83-92 官禄宫　　丙戌
廉贞 旺 火星 旺 陀罗 陷 43-52 财帛宫　　戊寅	左辅 右弼 53-62 疾厄宫　　己丑	七杀 平 天魁 63-72 迁移宫　　戊子	天梁 陷 权 73-82 仆役/肖　　丁亥

图 16-4

第八章　年尾接近立春的定盘（不同年份）

命例十七

观盘命主正月出生，八字月柱是丁丑，阴历月份和八字月柱不同步，有节气盘存在。查万年历正月初九巳时才立春进入庚午年正月，原盘是庚午年戊寅月，节气盘是己巳年丁丑月。原盘和节气盘是不同年份。真太阳时是卯时，以卯时原盘和节气盘定盘，确认哪个盘对。

1．你的脾气怎么样？会不会稍不如意，无名火就上来了？A会，容易突然发火，容易冲突。B不会，不容易发火，不容易和人冲突。

命主选B：不容易发火是节气盘，以星代盘看火星属火在午宫是旺的。原盘火星平，火星平陷都容易突然发火。

2．命主「比较喜欢安逸」与节气盘福德宫化禄符合，原盘福

德宫紫破欲望大。

3．你会不会容易情绪纠结、钻牛角尖？A会。B不会。

命主选：A会钻牛角尖，以星代盘看节气盘廉贞属火在申宫是陷的，容易情绪纠结、钻牛角尖。

4．你做事会不会拖拖拉拉？三分钟热度？A会。B不会。

命主选A，以星代盘看节气盘铃星陷，做事会拖拖拉拉，原盘铃星旺。

5．你遇到事情的应变能力怎么样？A反应很快，能想出对策，迅速反应。B应变能力比较差。

命主选A反应能力很强，以星代盘看节气盘贪狼旺，原盘贪狼陷是B。

6．二选一：A你做事干脆果断，快速利索，不拖泥带水。B做事冲劲没那么猛，凡事三思而后行，手脚施展不开，不会义无反

顾的往前冲，行动力不强。

命主选 B 做事没那么利索，是节气盘。以星代盘看节气盘七杀属金在午宫是陷的。原盘七杀属金在酉宫是旺的是 A。

7．个性上命主选「喜欢有独处的空间，或是比较宅」，节气盘身宫被天机天梁夹，喜欢有独处的空间，而原盘不会天机天梁。

8．个性上命主选「在外活跃，回到家比较安静沉默，有点现实，沒有好处的事不会去做」是节气盘命身合紫微破军的双星赋性。

9．命主选「有波荡感」是节气盘命宫六合机巨「波荡格」，天机星有母亲戊年生给的化忌就成了「破荡格」。

１０．命主选「第六感强，多愁善感，爱幻想」是太阴星个性，节气盘生肖宫三合会太阴星，原盘沒有太阴星的个性。

１１．「外表服从，有机会也想自立门户」这是节气盘命宫破军身宫紫微星合成「君臣不义格」，原盘沒有。

综上所述，命主是节气盘符合。破军坐命在戌宫，四柱是己巳年、丁丑月、ＸＸ日、Ｘ卯时。紫微斗数用阴历月份是原盘，对命主而言应排节气盘才会符合命主，而八字用节气排四柱会符合命主。

廉贞 旺 贪狼 陷 65-74 迁移/身　辛巳	巨门 平 铃星 旺 75-84 疾厄/肖　壬午	天相 陷 文曲 文昌 天钺 陀罗 平 85-94 财帛宫　癸未	天同 旺 忌 天梁 平 禄存 地空 旺 子女宫　甲申
太阴 平 科 左辅 火星 平 55-64 仆役宫　庚辰	阳男　　　　　　　　土五局 一九九零年正月 X 日 卯时原盘		武曲 旺 权 七杀 旺 擎羊 旺 夫妻宫　乙酉
天府 陷 45-54 官禄宫　己卯			太阳 平 禄 右弼 兄弟宫　丙戌
地劫 旺 35-44 田宅宫　戊寅	紫微 旺 破军 旺 天魁 25-34 福德宫　己丑	天机 旺 15-24 父母宫　戊子	05-14 命宫　　　丁亥

图 17-1

天梁 旺 科 陀罗 平 56-65 疾厄/肖　　己巳	七杀 陷 禄存 火星 旺 46-55 财帛宫　　庚午	文曲　　忌 文昌 擎羊 平 36-45 子女宫　　辛未	廉贞 陷 天钺 地空 陷 26-35 夫妻宫　　壬申
紫微 平 天相 平 66-75 迁移/身　　戊辰	阴男　　　　　　火六局 一九九零年正月 X 日 卯时节气盘 己巳年 丁丑月 XX 日 X 卯时		16-25 兄弟宫　　癸酉
天机 旺 巨门 平 左辅 76-85 仆役宫　　丁卯			破军 平 06-15 命宫　　甲戌
贪狼 旺 权 地劫 86-95 官禄宫　　丙寅	太阳 陷 太阴 旺 铃星 陷 田宅宫　　丁丑	武曲 平 禄 天府 平 天魁 福德宫　　丙子	天同 旺 右弼 父母宫　　乙亥

图 17-2

命例十八

命主出生真太阳时在酉时，观盘命主阴历是正月，而八字的月柱是辛丑，月份不同步，有节气盘存在，还是不同的年份。查万年历正月十一日午时立春才进入壬寅月，原盘是壬戌年壬寅月，节气盘是辛酉年辛丑月，以酉时原盘和节气盘定盘。

1．你的脾气怎么样？会不会稍不如意，无名火就上來了？A会突然生气，容易冲突。B不会突然发火。

命主选A，以星代盘看火星陷是节气盘，原盘火星属火在戌宫是旺的，不会突然发火。

2．在感情心态上哪个像你？A比较强势，有大男人想法，自己说了算，喜欢有能力又漂亮的对象。B处理感情方面比较柔和，喜欢有些独处的空间，不喜欢对方太粘人。

命主选B是节气盘。节气盘夫妻宫「机月同梁」的柔和组合，三合天机天梁擎羊会，喜欢有些独处的空间，不喜欢对方太粘人。

原盘夫妻宫天府，三方是府相武杀，感情方面强势。

3．你喜欢怎么样的家庭环境或布置？ A 家中有些乱，喜欢比较古老的家具样式。 B 家中喜欢打掃的干干凈凈，明亮。

命主选 B 并表示「我喜欢干净，不喜欢古老家具」是节气盘。节气盘的田宅宫有七杀，七杀有洁癖喜欢干凈，原盘的田宅宫天梁星，喜欢古老的家具。

4．命主表示个性上柔和，有点懒，也会急刚冲快，多疑，喜欢追根究底，能言善道，好奇心强，喜欢学东西，不喜欢被管，懒散天真，亲切随和，任性（天同），讲话有点尖酸，有点毒，而且会拐弯抹角，顶嘴是强项（巨门）。

节气盘命宫巨门，身宫天同，生肖宫对宫贪狼也有急的个性。

5．事件一：1989 己巳年，命主 8 岁，兄弟出事：

酉时节气盘：命主 8 岁，壬辰限武曲限忌，本命文昌忌借到酉

宫，双夹大限迁移宫戌宫，己巳年文曲忌借到酉宫可以引动迁移宫

的危险。兄弟宫卯宫被武曲限忌冲，文曲忌借到酉宫冲卯宫，兄弟

宫有问题。

酉时原盘：命主8岁，乙巳限太阴限忌落兄弟宫，1989己

巳年文曲忌不引动大限或流年的兄弟宫，不成立。

6．事件二：1991辛未年夏天和2015年差点死了。凶

险之事，重点宫位看迁移宫。

酉时节气盘：1991辛未年夏天，命主10岁，壬辰限，武

曲限忌和本命文昌忌借到酉宫，双夹本命和大限迁移戌宫，辛未年

命宫七杀，流年文昌忌落流年迁移宫，冲流年七杀命宫，七杀主生

死所以很危险。

酉时原盘：1991辛未年夏天，命主10岁，乙巳限太阴限

忌不冲本命或大限的迁移宫亥宫。辛未年流年文昌忌落流年迁移宫，

冲流年命宫，但命宫不是七杀，没那么凶险。

7．事件三：２０１５乙未年，命主３４岁，有凶险之事。

酉时节气盘：命主３４岁，辛丑限文昌限忌落大限命宫，并冲大限迁移宫未宫廉贞七杀「路上埋尸格」，２０１５乙未年，父太阳忌和流年太阴忌夹大限命宫文昌限忌，也是流年的迁移宫，丑宫成「双忌夹忌」凶格，凶险。

酉时原盘：命主３４岁，丁未限巨门限忌不冲大限迁移宫，流年太阴忌也不引动大限和流年迁移宫丑宫，没有凶象。

综上所述，命主是酉时的节气盘对，八字是辛酉年、辛丑月、ＸＸ日、Ｘ酉时。

廉贞 旺 贪狼 陷 天铖 06-15 命宫　　　乙巳	巨门 平 16-25 父母宫　　丙午	天相 陷 26-35 福德宫　　丁未	天同 旺 天梁 平 禄 地劫 旺 36-45 田宅宫　　戊申
太阴 平 左辅　 科 兄弟宫　　甲辰	阳男　　　　　　　火六局 一九八二年正月 X 日 酉时原盘 辛酉年 辛丑月 XX 日 X 卯时		武曲 旺 忌 七杀 旺 46-55 官禄宫　　己酉
天府 陷 天魁 夫妻宫　　癸卯			太阳 平 右弼 火星 旺 陀罗 平 56-65 仆役/肖　　庚戌
地空 旺 子女宫　　壬寅	紫微 旺 权 破军 旺 文曲 文昌 86-95 财帛宫　　癸丑	天机 旺 铃星 陷 擎羊 平 76-85 疾厄宫　　壬子	禄存 66-75 迁移/身　　辛亥

图 18-1

天相 旺	天梁 旺 天魁	廉贞 旺 七杀 平 铃星 旺	地劫 陷 陀罗 旺
			82-91
父母宫 癸巳	福德宫 甲午	田宅宫 乙未	官禄宫 丙申
巨门 平 禄	阴男 水二局 一九八二年正月 X 日 酉时节气盘 辛酉年 辛丑月 XX 日 X 酉时		禄存
02-11			72-81
命宫 壬辰			仆役/肖 丁酉
紫微 陷 贪狼 旺 左辅			天同 平 擎羊 平
12-21			62-71
兄弟宫 辛卯			迁移/身 戊戌
天机 旺 太阴 陷 天钺 地空 平	天府 旺 文曲 科 文昌 忌	太阳 陷 权 火星 陷	武曲 平 破军 旺 右弼
22-31	32-41	42-51	52-61
夫妻宫 庚寅	子女宫 辛丑	财帛宫 庚子	疾厄宫 己亥

图 18-2

第九章　出生地影响不同的时辰

命例十九

命主１４点３０分生于中国东经１００．９度，真太阳时１３点０２分接近午时未时的时辰分界点，以午时盘和未时盘定盘。

１．感情心态上哪个像你？Ａ感情上柔和，会为对方付出，喜欢阳光斯文的对象。Ｂ感情上强势主导，自己说了算，不善于表达。

命主选Ａ是午时盘，夫妻宫天机，三方机巨同梁的柔和组合。未时盘夫妻宫是杀破狼的强势组合。

２．你会不会喜欢有独处的空间，或是比较宅？Ａ会，比较宅。Ｂ不会。

命主选Ａ是午时盘，命身宫三合天梁星，生肖宫三合天机星。未时盘命身肖均不会天机星或天梁星。

３．你的脾气怎么样？会不会稍不如意，无名火就上来了？Ａ

会，容易突然发火。 B不会，不容易发火，不容易冲突。

命主选B是午时盘，以星带盘看火星属火在卯宫是旺的。

4．命主个性「主观强烈，不容易受外界的影响」是午时盘命
身同宫。

综上所述，命主是午时的盘。八字：乙亥年、己卯月、XX日、
X午时。

太阳　旺 左辅 铃星　旺 32-41 子女宫　　辛巳	破军　平 地劫　平 22-31 夫妻宫　　壬午	天机　旺　禄 12-21 兄弟宫　　癸未	紫微　平　科 天府　平 天钺 02-11 命宫　　甲申
武曲　旺 地空　旺 火星　平 擎羊　旺 42-51 财帛宫　　庚辰	阴男　　　　　　水二局 一九九五年二月 X 日未时		太阴　旺　忌 右弼 父母宫　　乙酉
天同　平 禄存 文昌 52-61 疾厄宫　　己卯			贪狼　陷 福德/身　　丙戌
七杀　陷 陀罗　陷 62-71 迁移宫　　戊寅	天梁　旺　权 72-81 仆役宫　　己丑	廉贞　陷 天相　旺 天魁 82-91 官禄宫　　戊子	巨门　旺 文曲 田宅/肖　　丁亥

图 19-1

太阳 旺 左辅 地空 旺 地劫 旺 42-51 财帛宫　　辛巳	破军 平 32-41 子女宫　　壬午	天机 旺 禄 22-31 夫妻宫　　癸未	紫微 平 科 天府 平 天钺 12-21 兄弟宫　　甲申
武曲 旺 文昌 铃星 平 擎羊 旺 52-61 疾厄宫　　庚辰	阴男　　　　　　　水二局 一九九五年二月 X 日午时 乙亥年　己卯月　XX 日 X 午时		太阴 旺 忌 右弼 02-11 命宫/身　　乙酉
天同 平 禄存 火星 旺 62-71 迁移宫　　己卯			贪狼 陷 文曲 父母宫　　丙戌
七杀 陷 陀罗 陷 72-81 仆役宫　　戊寅	天梁 旺 权 82-91 官禄宫　　己丑	廉贞 陷 天相 旺 天魁 田宅宫　　戊子	巨门 旺 福德/肖　　丁亥

图 19-2

命例二十

命主北京时间１９点３０分生于中国东经１０６．２７度，真

太阳时１８点２１分是酉时，北京时间１９点３０分是戌时，　命

主不知道该用北京时间的戌时，还是用真太阳时的酉时。　以酉时

盘和戌时盘定盘看看。

１．个性方面，命主选「个性柔和」是酉时盘，命身「机月同

梁、巨日」的柔和命理组合，戌时盘命身肖是「紫府武相廉、杀破

狼」的强势主导命理组合。

２．命主「有孤独感，喜欢独处，喜欢有自己的空间」是酉时

盘命宫天梁星，身宫三合天机星，母亲戊年生给了天机化忌。

３．在感情方面，哪个像你？Ａ处理感情柔和，不喜欢对方太

粘人。Ｂ处理感情强势，比较活泼。

命主选Ａ是酉时盘，夫妻宫天机巨门三合天同，处理感情柔和。

戌时盘夫妻宫是「杀破狼」组合，处理感情强势。

4．事件：２０１１辛卯年，命主１８岁，脸部受伤。意外事件的重点宫位看迁移宫。

酉时盘：命主１８岁戊辰限天机限忌有引动本命迁移宫，辛卯流年迁移宫在酉宫，大限天机限忌冲酉宫，辛卯流年文昌忌也冲酉宫，引动成立。

戌时盘：１８岁，丁卯限巨门限忌冲流年迁移宫，辛卯流年文昌忌不引动酉宫，不成立。

综上所述，命主是用真太阳时的酉时盘对，出生地对应北京时间有６９分钟的时差，影响了正确时辰。

天梁 旺	七杀 陷	天钺	廉贞 陷 禄 地劫 陷
03-12 命宫　　　　己巳	父母宫　　　庚午	福德宫　　　辛未	田宅宫　　　壬申
紫微 平 天相 平 左辅 13-22 兄弟宫　　戊辰	阳女　　　　　　　　木三局 一九九四年正月 X 日酉时		83-92 官禄宫　　　癸酉
天机 旺 巨门 平 擎羊 平 23-32 夫妻宫　　丁卯			破军 平 权 右弼 火星 旺 73-82 仆役/肖　　甲戌
贪狼 旺 禄存 地空 旺 33-42 子女宫　　丙寅	太阳 陷 忌 太阴 旺 文曲 文昌 天魁 陀罗 旺 43-52 财帛宫　　丁丑	武曲 平 科 天府 平 铃星 陷 53-62 疾厄宫　　丙子	天同 旺 63-72 迁移/身　乙亥

图 20-1

天梁 旺 父母宫　　　己巳	七杀 陷 福德宫　　　庚午	天钺 田宅宫　　　辛未	廉贞 陷 禄 83-92 官禄宫　　　壬申
紫微 平 天相 平 左辅 03-12 命宫　　　戊辰	阳女　　　　　　　　木三局 一九九四年正月 X 日戌时		地劫 平 73-82 仆役宫　　　癸酉
天机 旺 巨门 平 擎羊 平 13-22 兄弟宫　　　丁卯			破军 平 权 右弼 63-72 迁移/肖　　　甲戌
贪狼 旺 禄存 文曲 23-32 夫妻宫　　　丙寅	太阳 陷 忌 太阴 旺 天魁 地空 平 铃星 陷 陀罗 旺 33-42 子女宫　　　丁丑	武曲 平 科 天府 平 文昌 43-52 财帛/身　　　丙子	天同 旺 火星 平 53-62 疾厄宫　　　乙亥

图 20-2

第十章　不确定有沒有用夏令时的定盘

命例二十一

　　命主００点生于中国东经１１８度，出生时有夏令时实施，如果００点是夏令时，考虑前一天的亥时盘，如果没有用夏令时，是当天的子时盘。以前一天亥时盘和当天子时盘来定盘。

　　１．命主自述：「感情方面喜欢柔和的。自己个性外柔内刚，有时候脾气比较急，我感觉自己不是很有主见，容易受人影响。有时候感觉自己有点优柔寡断，如果在团队里，我喜欢做第二的位置。」

　　命主在感情上喜欢柔和的是亥时盘，夫妻宫是机月同梁的柔和组合。而子时盘的夫妻宫是「紫武相廉、杀破狼」的强势组合。

　　命主说「感觉自己不是很有主见，容易受人影响」，是亥时命宫空宫的个性，如果是子时盘，命身同宫主星是天府星，个性应该是有信心，有优越感，主观强，不容易受别人影响。

命主说「如果在团队里，我喜欢做第二的位置」是亥时盘。如果是子时盘天府星坐命，是喜欢当老大指挥领导别人的。

亥时盘的命身是「机月同梁、巨日」的组合，生肖宫（骨子里潜在的个性）是「府相廉贪」的组合，符合命主说自己个性外柔内刚。

2．你会不会喜欢有独处的空间，比较宅，或是喜欢独来独往？

命主说：自己比较宅。亥时盘身宫三合六合天机天梁擎羊会，喜欢独处。而子时盘命身肖福德宫均不会天机天梁星，沒有宅的个性。

3．事件一：１９９９年左右，命主父亲出了一场非常严重的车祸。

以套宫看亥时盘：父庚子年生，１９９９己卯年４０岁，以子宫为父亲的命宫，阳男顺行第四限是己卯限（父庚年生，五虎遁出

寅宫为戊干，卯宫是己干）己卯限己卯年大限流年重叠，吉凶加倍，文曲双忌（大限忌和流年忌）落大限流年命宫，并合冲大限流年的迁移宫，车祸事件的重点宫位看迁移宫，迁移宫被双忌冲，凶，成立。

子时盘：以子宫为父亲命宫，阳男顺行第四大限，也是己卯限己卯年，文曲双忌是六合大限流年的迁移宫，也符合。但亥时盘文曲双忌落大限流年命宫「冲」迁移宫，比较凶，比较符合命主说「父亲出了一场非常严重的车祸」。

4．事件二：2005乙酉年下半年，命主17岁，生了一场大病。重点宫位看疾厄宫。

亥时盘：17岁辛未限，文昌限忌和贪狼成「贪昌忌」凶格，冲本命疾厄卯宫，也六合大限疾厄寅宫，乙酉年太阴忌引动大限疾厄寅宫，也冲流年疾厄辰宫，成立。

子时盘：17岁庚午限，天同限忌不冲本命疾厄宫，也不冲大

限疾厄丑宫，乙酉年太阴忌不能引动大限疾厄丑宫，只能冲流年疾厄辰宫，综上，子时盘不符合，亥时盘符合。

5．事件三：命主说自己小时候身体不好。

亥时盘：本命忌落疾厄宫，体质不好，第一大限壬申限武曲限忌又落本命和大限的疾厄宫，符合。

子时盘：本命忌不落疾厄宫，第一大限辛未限文昌　限忌是有冲本命和大限的疾厄宫，也可以成立，但不如亥时盘符合。

6．事件四：2013年开始，命主感觉自己被导师为难。有工作之后，命主感觉被领导天天算计。

亥时盘：命主25岁庚午限，大限奴仆宫在亥，天同限忌冲亥宫，2013癸巳年贪狼忌引动，奴仆宫是上下的关系（老师与学生，领导与下属）。

7．事件五：2017丁酉年，命主明显感觉工作上不顺利，

和领导口角不断，想辞职。

亥时盘：命主２９岁庚午限，天同限忌和丁酉年巨门忌双夹流年官禄丑宫，成立。

子时盤：命主２９岁己巳限，文曲限忌不冲流年官禄丑宫，丁酉年巨门忌也不冲流年官禄丑宫，不成立。

综上所述，命主是亥时的盘。

右弼 陀罗 平 34-43 子女/肖　　己巳	天机 平 禄存 24-33 夫妻/身　庚午	紫微 旺 破军 陷 擎羊 平 14-23 兄弟宫　　辛未	天钺 04-13 命宫　　　壬申
太阳 旺 44-53 财帛宫　　戊辰	阴男　　　　　　　金四局 一九八九年六月 X 日亥时		天府 平 左辅 铃星 平 父母宫　　癸酉
武曲 平 禄 七杀 平 文曲　　忌 54-63 疾厄宫　　丁卯			太阴 旺 地劫 旺 福德宫　　甲戌
天同 平 天梁 平 科 火星 旺 64-73 迁移宫　　丙寅	天相 旺 74-83 仆役宫　　丁丑	巨门 旺 天魁 地空 旺 84-93 官禄宫　　丙子	廉贞 平 贪狼 旺 权 文昌 田宅宫　　乙亥

图 21-1

武曲 平 禄 破军 旺 右弼 陀罗 平 25-34 夫妻/肖　　己巳	太阳 旺 禄存 15-24 兄弟宫　　庚午	天府 旺 擎羊 平 05-14 命宫/身　辛未	天机 平 太阴 旺 天钺 父母宫　　壬申
天同 平 文曲　　忌 35-44 子女宫　　戊辰	阴男　　　　　　　　土五局 一九八九年六月 X 日 子时		紫微 平 贪狼 陷 权 左辅 福德宫　　癸酉
火星 旺 45-54 财帛宫　　丁卯			巨门 平 文昌 铃星 旺 田宅宫　　甲戌
   55-64 疾厄宫　　丙寅	廉贞 陷 七杀 旺 65-74 迁移宫　　丁丑	天梁 平 科 天魁 75-84 仆役宫　　丙子	天相 旺 地空 旺 地劫 旺 85-94 官禄宫　　乙亥

图 21-2

命例二十二

命主出生时有夏令时实施，但不知道是否有用夏令时。命主晚上１９点１０多分左右生于中国东经１２６度，如果１９点１０分是夏令时，真太阳时１８点３４分是酉时盘，如果没用夏令时，真太阳时１９点３４分是戌时盘，以酉时盘和戌时盘来定盘。

１．哪个个性像你？Ａ强势主导，急刚冲快。Ｂ柔和。

命主选Ａ，是戌时盘，命身肖是「杀破狼、紫府武相廉」的强势命理组合。酉时盘命身是「机月同梁、巨日」的柔和命理组合。

２．感情心态方面哪个像你？Ａ喜欢有能力的对象，自己不善表达感觉，感情上比较强势，嘴不甜。Ｂ喜欢柔和阳光的女生。

命主选Ａ是戌时盘，夫妻宫「紫府武相廉」的组合，紫府眼光高喜欢有能力的对象，武曲星不善表达自己的感觉，感情上比较强势，嘴不甜。天相星注重颜值，廉贞星容易吃醋，眼里容不下沙。

3．命主自述「我喜欢拼搏」是戌时盘命宫七杀，「杀破狼」的命理组合。

4．你的脾气怎么样？会不会稍不如意无名火就上来了？A会，容易突然发火，容易冲突。B不会，不容易发火，不容易和人冲突。

命主选A是戌时盘火星平，以星带盘看火星平陷都容易突然发火。酉时盘火星属火坐戌宫是旺的是B。

5．二选一：A常受周遭环境的影响，常有居住环境的变迁，工作的变化，或常在外奔走？B人生最在乎追求的是钱财，或以赚钱为职志，把钱看得很重。

命主选B，戌时盘身宫在财帛宫重叠，符合。

6．二选一：A喜欢安逸，比较懒散。B闲不住，不怕辛苦不怕累。

命主选B，是戌时盘命宫七杀星。

综上所述，命主是戌时盘对，父母给的时间沒有用夏令时。

巨门 旺 82-91 财帛宫　　辛巳	廉贞 旺 天相 平 右弼 子女/肖　　壬午	天梁 旺 天钺 陀罗 平 夫妻宫　　癸未	七杀 旺 禄存 左辅 地劫 旺 兄弟宫　　甲申
贪狼 旺 72-81 疾厄宫　　庚辰	阳男　　　　　　　　水二局 一九九零年五月 X 日酉时		天同 旺 忌 擎羊 旺 02-11 命宫　　乙酉
太阴 陷 科 62-71 迁移/身　　己卯			武曲 平 权 火星 旺 12-21 父母宫　　丙戌
紫微 平 天府 平 地空 平 52-61 仆役宫　　戊寅	天机 平 文曲 文昌 天魁 42-51 官禄宫　　己丑	破军 旺 铃星 陷 32-41 田宅宫　　戊子	太阳 陷 禄 22-31 福德宫　　丁亥

图 22-1

巨门　旺 子女宫　　辛巳	廉贞　旺 天相　平 右弼 夫妻/肖　　壬午	天梁　旺 天钺 陀罗　平 兄弟宫　　癸未	七杀　旺 禄存 左辅 02-11 命宫　　甲申
贪狼　旺 82-91 财帛/身　庚辰	阳男　　　　　　　　　水二局 一九九零年五月 X 日戌时		天同　旺　忌 地劫　旺 擎羊　旺 12-21 父母宫　　乙酉
太阴　陷　科 72-81 疾厄宫　　己卯			武曲　平　权 22-31 福德宫　　丙戌
紫微　平 天府　平 文曲 62-71 迁移宫　　戊寅	天机　平 天魁 地空　平 铃星　陷 52-61 仆役宫　　己丑	破军　旺 文昌 42-51 官禄宫　　戊子	太阳　陷　禄 火星　平 32-41 田宅宫　　丁亥

图 22-2

第十一章　双胞胎的定盘

双胞胎命盘看法的普遍原则

1．双胞胎同为女生，先确定姐姐的正确命盘，姐姐以命宫为命宫（用原來的盘），妹妹以兄弟宫为命宫，注意事项宫位和大限要自制而变动。

2．龙凤胎姐姐是女的（用原来的盘），男生是弟弟者，以父母宫为命宫，注意事项宫位和大限要自制而变动。

3．龙凤胎男生是哥哥（用原来的盘），妹妹是女生的，以兄弟宫为命宫，注意事项宫位和大限要自制而变动。

4．双胞胎同为男生，哥哥用原来的盘，弟弟可能用兄弟宫也可能要用父母宫作为命宫，具体要定盘确认。

一切都有例外的可能，总之都要以最后的「定盘确认」为准。

如果记不住规则，最好遇到双胞胎时，先定盘确认先出生者的正确

命盘，再以此盘为基础，排一个以兄弟宫为命宫的盘，再排一个以父母宫为命宫的盘，最后用这两个盘来定盘确认后出生者的命盘。

曾经有位命主自述：「我和我哥哥是双胞胎，虽然排盘是一样，但是我和我哥哥的性格各方面都不一样。我找过几个人算了，每次大师说的话都是说我哥哥，并没有说到我」。

这是因为双胞胎哥哥和弟弟命盘的命宫位置不同，命理组合是不同的。实际上，通过看很多双胞胎的命盘，可以发现他们的个性和事件轨迹的确是不同的。

命例二十三

命主是双胞胎的弟弟，１３点１６分生于中国东经１０８．０４度，真太时１２点３１分是午时盘，这是双胞胎哥哥的盘（图２３－１）。弟弟的盘以午时盘（图２３－１）为基础，排一个以兄弟宫寅宫为弟弟命宫的盘（图２３－２），再排以父母宫辰宫为命宫的盘（图２３－３），用图２３－２和图２３－３比对定弟弟的命盘。

１．命主说双胞胎的哥哥工作能力比较强，对财富的渴望度等都高于命主。哥哥是午时盘，命身廉破坐卯宫，是「紫武相廉、杀破狼」的命理组合。个性上主观强，不易受外界影响，强势霸气，急刚冲快，主导性强，喜欢指挥领导人群。

２．弟弟以寅宫为命宫的盘（图２３－２），和以父母宫辰宫为命宫的盘（图２３－３），都是空宫坐命。弟弟表示他的个性柔和，缺乏信心，保守，容易受外界影响。感情方面柔和开朗，求财不积极，钱够用就好。

3．事件：１９８９己巳年，命主１６岁被打到危及生命。重点宫位看迁移宫。

午时盘以寅宫为命宫的盘（图２３－２）：命主１６岁丁卯限，巨门限忌落本命迁移宫，引动原有的本命忌，大限迁移宫在酉宫，巨门限忌和文曲流年忌正好夹大限迁移宫成立，１９８９己巳流年迁移宫在亥宫，巨门限忌借到子宫，和文曲流年忌夹流年迁移亥宫，成立。故弟弟符合午时盘以兄弟宫为命宫的盘（图２３－２）。

午时盘以辰宫为命宫的盘（图２３－３）：１６岁己巳限，文曲限忌和己巳流年文曲忌没有引动流年迁移亥宫，以父母宫为命宫的盘不成立。

如果用未时盘，虽然命宫也在寅宫，但时系星位置不同，引动会不同。

未时盘：１９８９己巳年，命主１６岁，丁卯限，巨门限忌落本命迁移宫，大限迁移酉宫没有被引动，因为文曲星位置不同。文

曲忌落流年迁移宫，但沒有那么凶到危及生命。且出生真太阳时１

２点３１分是午时，不是未时。

故双胞胎的弟弟应该用午时盘以寅宫为命宫的盘（图２３－

２）。

天府 旺 地空 旺 地劫 旺 26-35 福德宫 己巳	天同 平 太阴 陷 36-45 田宅宫 庚午	武曲 平 科 贪狼 旺 天铖 火星 旺 46-55 官禄宫 辛未	太阳 陷 忌 巨门 旺 56-65 仆役宫 壬申
文昌 16-25 父母宫 戊辰	阳男　　　　火六局 一九七四年八月 X 日午时		天相 旺 铃星 平 66-75 迁移宫 癸酉
廉贞 旺 禄 破军 平 权 右弼 擎羊 平 06-15 命宫/身 丁卯			天机 陷 天梁 旺 文曲 76-85 疾厄宫 甲戌
禄存 兄弟/肖 丙寅	天魁 陀罗 旺 夫妻宫 丁丑	 子女宫 丙子	紫微 陷 七杀 平 左辅 86-95 财帛宫 乙亥

图 23-1 双胞胎哥哥的盘

天府 旺 地空 旺 地劫 旺 36-45 田宅宫　　己巳	天同 平 太阴 陷 46-55 官禄宫　　庚午	武曲 平 科 贪狼 旺 天钺 火星 旺 56-65 仆役宫　　辛未	太阳 陷 忌 巨门 旺 66-75 迁移宫　　壬申
文昌 26-35 福德宫　　戊辰	阳男　　　　　　火六局 一九七四年八月 X 日午时		天相 旺 铃星 平 76-85 疾厄宫　　癸酉
廉贞 旺 禄 破军 平 权 右弼 擎羊 平 16-25 父母宫　　丁卯			天机 陷 天梁 旺 文曲 86-95 财帛宫　　甲戌
禄存 06-15 命/身/肖　丙寅	天魁 陀罗 旺 兄弟宫　　丁丑	夫妻宫　　丙子	紫微 陷 七杀 平 左辅 子女宫　　乙亥

图 23-2 双胞胎弟弟的盘，以寅宫为命宫

天府 旺 地空 旺 地劫 旺 16-25 父母宫　　己巳	天同 平 太阴 陷 26-35 福德宫　　庚午	武曲 平 科 贪狼 旺 天钺 火星 旺 36-45 田宅宫　　辛未	太阳 陷 忌 巨门 旺 46-55 官禄宫　　壬申
文昌 06-15 命宫/身　　戊辰	阳男　　　　　　　　火六局 一九七四年八月 X 日午时		天相 旺 铃星 平 56-65 仆役宫　　癸酉
廉贞 旺 禄 破军 平 权 右弼 擎羊 平 兄弟宫　　丁卯			天机 陷 天梁 旺 文曲 66-75 迁移宫　　甲戌
禄存 夫妻/肖　　丙寅	天魁 陀罗 旺 子女宫　　丁丑	86-95 财帛宫　　丙子	紫微 陷 七杀 平 左辅 76-85 疾厄宫　　乙亥

图 23-3 双胞胎弟弟的盘, 以辰宫为命宫

天府 旺	天同 平 太阴 陷 地劫 陷	武曲 平 科 贪狼 旺 天钺	太阳 陷 忌 巨门 旺 火星 陷
36-45 田宅宫　　己巳	46-55 官禄宫　　庚午	56-65 仆役宫　　辛未	66-75 迁移宫　　壬申
地空 平	阳男　　　　　火六局 一九七四年八月 X 日未时		天相 旺
26-35 福德/身　戊辰			76-85 疾厄宫　　癸酉
廉贞 旺 禄 破军 平 权 右弼 擎羊 平 文昌			天机 陷 天梁 旺 铃星 旺
16-25 父母宫　　丁卯			86-95 财帛宫　　甲戌
禄存	天魁 陀罗 旺		紫微 陷 七杀 平 左辅 文曲
06-15 命宫/肖　丙寅	兄弟宫　　丁丑	夫妻宫　　丙子	子女宫　　乙亥

图 23-4

命例二十四　双胞胎的姐妹

姐姐北京时１５点４０分生于中国东经１１８．７３度，真太阳时１５点４１分是申时盘。姐姐自述个性「性格偏内向点，不喜欢被约束，不喜欢和人争，多才多艺，有创意，重视朋友，有投机性，长袖善舞，情绪化，闲不住，说话直，做事快速利索，爱干净，情绪容易纠结，想太多，从小到大也习惯比较操劳」。破军坐命在辰的申时盘是姐姐的盘。很多破军坐命的人认为自己是柔和的，不要被误导，要多方面看。

先确认姐姐的正确命盘（图２４－１），妹妹的盘以申时盘的兄弟宫卯宫为妹妹的命宫，十二事项宫依序修改，大限也依序修改，见（图２４－２）。

妹妹的生肖宫也是杀破狼格局，她很好胜，有志在必得，会全力以赴的心态。

天同 旺 天钺 父母宫　乙巳	武曲 陷 忌 天府 旺 铃星 旺 福德宫　丙午	太阳 旺 太阴 陷 地劫 平 田宅宫　丁未	贪狼 平 86-95　戊申 官禄 /身/肖
破军 平 06-15 命宫　甲辰	阳女　　　　　　火六局 一九九二年十一月 X 日申时		天机 陷 巨门 旺 76-85 仆役宫　己酉
天魁 地空 旺 16-25 兄弟宫　癸卯			紫微 旺 权 天相 平 火星 旺 陀罗 平 66-75 迁移宫　庚戌
廉贞 旺 文昌 左辅　科 26-35 夫妻宫　壬寅	36-45 子女宫　癸丑	七杀 平 文曲 右弼 擎羊 平 46-55 财帛宫　壬子	天梁 陷 禄 禄存 56-65 疾厄宫　辛亥

图 24-1 双胞胎的姊姊

天同 旺 天钺 福德宫　　乙巳	武曲 陷 忌 天府 旺 铃星 旺 田宅宫　　丙午	太阳 旺 太阴 陷 地劫 平 86-95 官禄/身　丁未	贪狼 平 76-85 仆役/肖　戊申
破军 平 父母宫　　甲辰	阳女　　　　　　　　火六局 一九九二年十一月 X 日申时		天机 陷 巨门 旺 66-75 迁移宫　　己酉
天魁 地空 旺 06-15 命宫　　　癸卯			紫微 旺 权 天相 平 火星 旺 陀罗 平 56-65 疾厄宫　　庚戌
廉贞 旺 文昌 左辅　科 16-25 兄弟宫　　壬寅	26-35 夫妻宫　　癸丑	七杀 平 文曲 右弼 擎羊 平 36-45 子女宫　　壬子	天梁 陷 禄 禄存 46-55 财帛宫　　辛亥

图 24-2 双胞胎的妹妹

第十二章 早子时与晚子时的定盘

中国在算命上，主要有八字与紫微斗数。在八字的学理上，子时有区分为「早子时」及「晚子时」二种，也就是２３点０１分到２４点００分称为晚子时，而００点０１分到０１点００分称为早子时。晚子时属于当天，而早子时属于隔天，例如：三月三十日２３点３０分出生者，算是三月三十日子时出生，００点０１分到０１点００分出生者，则算是三月三十一日子时出生。（摘自百度知道）

其实三月三十日的亥时已经过了，为什么三月三十日２３点３０分出生的人，会算是三月三十日子时出生，差了一天，当然不合理。

因为日子不同，紫微星所在的宫位会不同，整个盘式会不同，命理组合也会不同。

阳历以夜００点为日的分界点，农历以２３点以后为第二天的

子时，沒有早子时晚子时之分。

斗数研究者可以排出两个盘，「定盘」比对验证看看。

命例二十五

观盘命主阴历三月生，八字月柱是辛巳月，月份不同步，有节气盘存在。查万年历三月十六日亥时立夏进入辛巳月，原盘是庚辰月，节气盘是辛巳月。真太阳时２３点３８分，应该是三月二十日子时，而不是用晚子时属于当天三月十九日的子时。

以子时原盘和节气盘来定盘。

１．哪个个性像你？Ａ急刚冲快，做什么都快速利索，闲不住，容易情绪化。Ｂ个性柔和。

命主选Ａ是子时原盘，命身宫坐七杀星在辰宫。

但命主说有人说她是天机天梁坐命的晚子时盘（三月十九日的子时盘），那么就来比对一下。

２．事件：农历丙申年辛丑月辛丑日，摔伤脑袋。意外的重点宫位看迁移宫。

三月二十日子时七杀坐命宫的盘（图２５－１）：丙申年命主３２岁壬午限，武曲限忌引动本命迁移宫，使戌宫和寅宫成「昌铃陀武忌」的恶格，这个恶格常常表现在身体的重大伤害。丙申流年迁移宫在寅宫，有大限的武曲限忌，流年廉贞忌冲流年迁移宫的「昌铃陀武忌」恶格引动，十二月是辛丑月文昌忌又引动流年迁移宫寅宫，成立。

　　再看看晚子时盘，三月十九日子时盘天机天梁坐命宫的盘（图２５－３）：３２岁壬午限，武曲限忌在丑不引动本命迁移宫，有六合大限迁移子宫，丙申年廉贞忌不引动大限迁移宫，也冲不到流年迁移宫寅宫，寅宫也不是凶格，虽然辛丑月文昌忌有冲流年迁移宫，但不如三月二十日子时盘符合。

　　所以用事件来推，命主应该是三月二十日子时的原盘符合，七杀星坐命身在辰宫。定盘证明晚子时盘是错的。

天机 陷 禄 14-23 父母宫　　辛巳	紫微 旺 科 左辅 24-33 福德宫　　壬午	 34-43 田宅宫　　癸未	破军 旺 右弼 天钺 44-53 官禄宫　　甲申
七杀 旺 文曲 擎羊 旺 04-13 命宫/身　　庚辰	阴女　　　　　　金四局 一九八五年三月二十日 子时原盘 乙丑年 辛巳月 戊申日 壬子		 54-63 仆役宫　　乙酉
太阳 旺 天梁 陷 权 禄存 火星 旺 兄弟宫　　己卯			廉贞 旺 天府 旺 文昌 铃星 旺 64-73 迁移宫　　丙戌
武曲 陷 天相 平 陀罗 陷 夫妻宫　　戊寅	天同 旺 巨门 旺 子女/肖　　己丑	贪狼 旺 天魁 84-93 财帛宫　　戊子	太阴 旺 忌 地空 旺 地劫 旺 74-83 疾厄宫　　丁亥

图 25-1

天机 陷 禄	紫微 旺 科	左辅 右弼	破军 旺 天钺
04-13 命宫/身　　辛巳	14-23 父母宫　　壬午	24-33 福德宫　　癸未	34-43 田宅宫　　甲申
七杀 旺 文曲 擎羊 旺 兄弟宫　　庚辰	阴女　　　　　金四局 一九八五年三月二十日 子时节气盘 乙丑年 辛巳月		44-53 官禄宫　　乙酉
太阳 旺 天梁 陷 权 禄存 火星 旺 夫妻宫　　己卯			廉贞 旺 天府 旺 文昌 铃星 旺 54-63 仆役宫　　丙戌
武曲 陷 天相 平 陀罗 陷 子女宫　　戊寅	天同 旺 巨门 旺 84-93 财帛/肖　　己丑	贪狼 旺 天魁 74-83 疾厄宫　　戊子	太阴 旺 忌 地空 旺 地劫 旺 64-73 迁移宫　　丁亥

图 25-2

紫微　科 七杀 14-23 父母　　辛巳	左辅 24-33 福德　　壬午	 34-43 田宅　　癸未	右弼 天钺 44-53 官禄　　甲申
天机　禄 天梁　权 文曲 擎羊 04-13 命/身　庚辰	阴女　　　　　　金四局 农历：乙丑年三月十九日 　　　子时 乙丑、辛巳、丁未、壬子		廉贞 破军 54-63 交友　　乙酉
天相 禄存 火星 兄弟　　己卯			文昌 铃星 64-73 迁移　　丙戌
太阳 巨门 陀罗 夫妻　　戊寅	武曲 贪狼 子女　　己丑	天同 太阴　忌 天魁 84-93 财帛　　戊子	天府 地空 地劫 74-83 疾厄　　丁亥

图 25-3 这是晚子时盘，用当日的子时。

命例二十六

　　命主说出生在初七过完进入初八的００点３０分，生于中国东经１１１．３度，真太阳时２３点５２分，有些派认为２３点００分到２３点５９分是晚子时用当天（初七子时盘），有些排盘系统排出的盘是初七的子时，故命主多年来一直使用初七子时的盘。我们就以初七子时盘（图２６－１）和初八子时盘（图２６－２）来「定盘」比对。

　　１．命主「爱投机、期货、偏门等都喜好」符合初八子时盘。

　　２．个性上命主选「主观强，有主见，不容易受外界影响」符合初八子时命宫天相三合天府星。初七子时盘命宫空宫缺乏信心，容易受外界影响，不符合。

　　３．命主选「好管闲事，好打抱不平」符合初八子时盘命宫天相星。

　　４．命主选「不爱沟通，不喜欢被管，不为五斗米折腰，我行

我素，自己觉得自己很不错」是破军星个性，符合初八子时盘迁移宫有破军星，初七子时盘命身生肖宫均不会破军星，没有这些个性。

5．命主说自己高中辍学，符合初八子时盘，第二大限１６－２５岁，戊寅限天机限忌落大限官禄宫，无心学习。初七子时盘不符合。

6．命主「以星带盘」选项空劫旺是初八子时盘，初七子时盘空劫在亥宫是陷的。（空劫的亮度随主星亮度，初八子时盘廉贞平贪狼旺，平旺是旺，空劫是旺的。而初七子时盘空劫在亥宫因为天梁属土在亥宫是陷的，故空劫是陷的）

综上所述，命主应该是初八子时盘（图２６－２），而不是初七子时盘或晚子时盘。

天同 旺 忌	武曲 陷 权 天府 旺	太阳 旺 禄 太阴 陷 科 天钺 陀罗 平	贪狼 平 禄存
46-55 官禄宫　辛巳	56-65 仆役/肖　壬午	66-75 迁移宫　癸未	76-85 疾厄宫　甲申
破军 平 文曲	阳男　　　　　　　火六局 一九九零年腊月初七日子时		天机 陷 巨门 旺 擎羊 旺
36-45 田宅宫　庚辰			86-95 财帛宫　乙酉
左辅 铃星 旺			紫微 旺 天相 平 文昌
26-35 福德宫　己卯			子女宫　丙戌
廉贞 旺	天魁 火星 陷	七杀 平	天梁 陷 右弼 地空 陷 地劫 陷
16-25 父母宫　戊寅	06-15 命宫/身　己丑	兄弟宫　戊子	夫妻宫　丁亥

图 26-1 这是晚子时盘,用当日子时排的盘

	天机 平	紫微 旺 破军 陷 天钺 陀罗 平	禄存
46-55 官禄宫　辛巳	56-65 仆役/肖　壬午	66-75 迁移宫　癸未	76-85 疾厄宫　甲申
太阳 旺 禄 文曲	阳男　　　　　　火六局 一九九零年腊月初八日子时		天府 平 擎羊 旺
36-45 田宅宫　庚辰			86-95 财帛宫　乙酉
武曲 平 权 七杀 平 左辅 铃星 旺			太阴 旺 科
26-35 福德宫　己卯			子女宫　丙戌
天同 平 忌 天梁 平	天相 旺 天魁 火星 陷	巨门 旺	廉贞 平 贪狼 旺 右弼 地空 旺 地劫 旺
16-25 父母宫　戊寅	06-15 命宫/身　己丑	兄弟宫　戊子	夫妻宫　丁亥

图 26-2

附录一：十天干四化

十天干四化：（斗数断祸福的关键）四化是紫微斗数的灵魂

甲干　廉贞化禄　破军化权　武曲化科　太阳化忌

乙干　天机化禄　天梁化权　紫微化科　太阴化忌

丙干　天同化禄　天机化权　文昌化科　廉贞化忌

丁干　太阴化禄　天同化权　天机化科　巨门化忌

戊干　贪狼化禄　太阴化权　右弼化科　天机化忌

己干　武曲化禄　贪狼化权　天梁化科　文曲化忌

庚干　太阳化禄　武曲化权　太阴化科　天同化忌

辛干　巨门化禄　太阳化权　文曲化科　文昌化忌

壬干　天梁化禄　紫微化权　左辅化科　武曲化忌

癸干　破军化禄　巨门化权　太阳化科　贪狼化忌

以下这个口诀请大家背诵，因为它会常常用到。

甲廉破武阳　乙机梁紫阴　丙同机昌廉　丁阴同机巨

戊贪阴弼机　己武狼梁曲　庚阳武阴同　辛巨阳曲昌

壬梁紫辅武　癸破巨阳贪

太阳：禄权科忌　　　太阴：禄权科忌　　　武曲：禄权科忌

天机：禄权科忌　　　贪狼：禄权忌　　　巨门：禄权忌

天同：禄权忌　　　廉贞：禄忌　　　破军：禄权

文曲：科忌　　　左辅、右弼：科

紫微：权科　　　天梁：禄权科　　　文昌：科忌

注：癸干正确的应该是癸「破巨阳贪」，有些写太阴的是抄错了。

因为一颗星只会「化」一次，而庚干阳武阴同，太阴已经化科，太阳化禄所以太阴化科没错。那癸干太阴不可能再化科，故应该是太阳化科才对。

附录二：紫微斗数星曜所属之五行阴阳

A　北斗紫微星（阴土）

贪狼（阳木），　巨门（阴水），　禄存（阴土），　文曲（阴水），

廉贞（阴火），　武曲（阴金），　破军（阴水），　左辅（阳土），

右弼（阴水），　擎羊（阳金），　陀罗（阴金）

B　南斗天府星（阳土）

七杀（阳金），　天机（阴木），　天相（阳水），　天同（阳水），

天梁（阳土），　文昌（阴金），　火星（阳火），　铃星（阴火），

天魁（阳火），　天钺（阴火）

C　中天星

太阳（阳火），　太阴（阴水）

地劫（阳火），　地空（阴火）

红鸾，天喜，天姚，咸池，都属水。

注：资料来自　陈岳琦「正统飞星紫微斗数」

附录三：紫微斗数星星亮度的解密

学紫微斗数的人都知道星星亮度的正确与否很重要，而在紫微斗数全集里明明白白的有记录着星星亮度的运用之一章，可是在运用上还是多有怀疑不敢尽信。不过要用全集里的数据推出一个逻辑也并非易事，这一拖也就一千多年了，还是没有一个人人可以信服的逻辑结果。各门派也都有了自己的一套星星亮度表。

本书採用　地书先生无私公开的星星亮度表，让想学习紫微斗数的人可以有一个逻辑。

＊地支的五行：

第一组：河图方位

东方木河图化为３８入地支就是寅卯辰都属木性

南方火河图化为２７入地支就是巳午未都属火性

西方金河图化为４９入地支就是申酉戌都属金性

北方水河图化为１６入地支就是亥子丑都属水性

第二组：三合

寅午戌属火　　巳酉丑属金　　申子辰属水　　亥卯未属木

第三组：辰、戌、丑、未属土

◎卯、午、酉、子，每个地支都有一种属性

卯宫属木。午宫属火。酉宫属金。子宫属水。

◎寅、巳、申、亥，每个地支都有两种属性

寅宫属木、火。　　　　巳宫属火、金。

申宫属金、水。　　　　亥宫属水、木。

◎辰、未、戌、丑，每个地支都有三种属性

辰宫属木、水、土。

未宫属火、木、土。

戌宫属金、火、土。

丑宫属水、金、土。

看星星亮度的心法就是宫的五行可「生」或「同」星星五行者为旺。宫的五行「克」星星五行者为陷。宫五行「一生一克」星星五行者为平。还有一条就是星星不能「生克平」于宫。

五行：木，火，土，金，水，

*五行生克：

木生火，火生土，土生金，金生水，水生木。

木克土，土克水，水克火，火克金，金克木。

星星在子宫的亮度：

子宫只有一种属性，亥子丑属水。

属木的星星在子宫：子宫水生木，故属木的星星在子宫的亮度是「旺」。

属火的星星在子宫：子宫水克火，故属火的星星在子宫的亮度是「陷」。

属土的星星在子宫：土克水，但星星不能克宫位，故属土的星星在子宫的亮度是「平」。

属金的星星在子宫：金生水，但星星不能生宫位，故属金的星星在子宫的亮度是「平」。

属水的星星在子宫：子宫水「同」星星五行者为旺，故属水的星星在子宫的亮度是「旺」。

星星在丑宫的亮度：

丑宫有三种属性（1）亥子丑属水（2）巳酉丑属金（3）辰戌丑未属土。

属木的星星在丑宫：（1）水生木，是「旺」（2）金克木，是「陷」（3）木克土，但星星不能克宫位，是「平」，一旺一陷一平，最后结论是「平」，故属木的星星在丑宫的亮度是「平」。

属火的星星在丑宫：（1）水克火，是「陷」（2）火克金，但星星不能克宫位，是「平」（3）火生土，但星星不能生宫位，是「平」，一陷二平，最后结论是「陷」，故属火的星星在丑宫的亮度是「陷」。

属土的星星在丑宫：（1）土克水，但星星不能克宫位，是「平」（2）土生金，但星星不能生宫位，是「平」（3）丑宫土「同」星星五行者为「旺」，二平一旺，最后结论是「旺」，故属土的星星在丑宫的亮度是「旺」。

属金的星星在丑宫：（1）金生水，星星不能「生」宫位，是「平」

（2）丑宫金「同」星星五行者为「旺」（3）土生金，是「旺」，一平二旺，最后的结论是「旺」，故属金的星星在丑宫的亮度是「旺」。

属水的星星在丑宫：（1）丑宫水「同」星星五行者为「旺」（2）金生水，是「旺」（3）土克水，是「陷」，二旺一陷，最后的结论是「旺」，故属水的星星在丑宫的亮度是「旺」。

星星在寅宫的亮度：

寅宫有两种属性（1）寅卯辰属木（2）寅午戌属火。

属木的星星在寅宫（1）寅宫木「同」星星五行者为「旺」（2）木生火，但星星不能生宫位，是「平」，一旺一平，结论是「旺」，故属木的星星在寅宫的亮度是「旺」。

属火的星星在寅宫：（1）寅宫木生火，是「旺」（2）寅宫火「同」星星五行是「旺」，二个旺，结论是「旺」，故属火的星星在寅宫的亮度是「旺」。

属土的星星在寅宫：（1）寅宫木克土，是「陷」（2）火生土，是「旺」，一陷一旺，结论是「平」，故属土的星星在寅宫的亮度是「平」。

属金的星星在寅宫：（1）金克木，但星星不能克宫位，是「平」（2）寅宫火克金，是「陷」，一平一陷，结论是「陷」，故属金的星星在寅宫是「陷」。

属水的星星在寅宫：（1）水生木，但星星不能「生」宫位，是

「平」（2）水克火，但星星不能克宫位，是「平」，二个平，结论

是「平」，故属水的星星在寅宫的亮度是「平」。

星星在卯宫的亮度：

卯宫只有一种属性，寅卯辰属木。

属木的星星在卯宫：卯宫木「同」星星五行是「旺」，故属木的星星在卯宫的亮度是「旺」。

属火的星星在卯宫：卯宫木生火，是「旺」，故属火的星星在卯宫的亮度是「旺」。

属土的星星在卯宫：卯宫木克土，是「陷」，故属土的星星在卯宫的亮度是「陷」。

属金的星星在卯宫：金克木，但星星不能克宫位，是「平」，故属属金的星星在卯宫的亮度是「平」。

属水的星星在卯宫：水生木，但星星不能「生」宫位，是「平」，故属水的星星在卯宫的亮度是「平」。

星星在辰宫的亮度：

辰宫有三种属性：（1）寅卯辰属木（2）申子辰属水（3）辰戌丑未属土。

属木的星星在辰宫：（1）辰宫木「同」星星五行者为「旺」（2）辰宫水生木，是「旺」（3）木克土，但星星不能克宫位，是「平」，二旺一平，最后的结论是「旺」，故属木的星星在辰宫的亮度是「旺」。

属火的星星在辰宫：（1）辰宫木生火是「旺」（2）辰宫水克火是「陷」（3）火生土，但星星不能生宫位，是「平」，一旺一陷一平，结论是「平」，故属火的星星在辰宫的亮度是「平」。

属土的星星在辰宫：（1）辰宫木克土，是「陷」（2）土克水，但星星不能克宫位，是「平」（3）辰宫土「同」星星五行者为「旺」，一陷一平一旺，最后的结论是「平」，故属土的星星在辰宫的亮度是「平」。

属金的星星在辰宫：（1）金克木，但星星不能克宫位，是「平」，

（2）金生水，但星星不能生宫位，是「平」（3）辰宫土生金是「旺」，

二平一旺，结论是「旺」，故属金的星星在辰宫的亮度是「旺」。

属水的星星在辰宫：（1）水生木，但星星不能生宫位，是「平」

（2）辰宫水「同」星星五行者为「旺」（3）辰宫土克水，是「陷」，

一平一旺一陷，最后的结论是「平」，故属水的星星在辰宫的亮度是

「平」。

星星在巳宫的亮度：

巳宫有二种属性：（1）巳午未属火（2）巳酉丑属金。

属木的星星在巳宫：（1）木生火，但星星不能生宫位，是「平」（2）巳宫金克木，是「陷」，一平一陷，结论是「陷」，故属木的星星在巳宫是「陷」。

属火的星星在巳宫：（1）巳宫火「同」星星五行者为「旺」（2）火克金，但星星不能克宫位，是「平」，一旺一平，结论是「旺」，故属火的星星在巳宫的亮度是「旺」。

属土的星星在巳宫：（1）巳宫火生土，是「旺」（2）土生金，但星星不能生宫位，是「平」，一旺一平，结论是「旺」，故属土的星星在巳宫的亮度是「旺」。

属金的星星在巳宫：（1）巳宫火克金是「陷」（2）巳宫金「同」星星五行者为「旺」，一陷一旺，结论是「平」，故属金的星星在巳宫的亮度是「平」。

属水的星星在巳宫：（１）水克火，但星星不能克宫位，是「平」

（２）巳宫金生水，是「旺」，一平一旺，结论是「旺」，故属水的

星星在巳宫的亮度是「旺」。

星星在午宫的亮度：

午宫只有一种属性，巳午未属火。

属木的星星在午宫：木生火，但星星不能生宫位，是「平」，故属木的星星在午宫的亮度是「平」。

属火的星星在午宫：午宫火「同」星星五行者为「旺」，故属火的星星在午宫的亮度是「旺」。

属土的星星在午宫：午宫火生土，是「旺」，故属土的星星在午宫的亮度是「旺」。

属金的星星在午宫：午宫火克金，是「陷」，故属金的星星在午宫的亮度是「陷」。

属水的星星在午宫：水克火，但星星不能克宫位，是「平」，故属水的星星在午宫的亮度是「平」。

星星在未宫的亮度：

未宫有三种属性：（1）巳午未属火（2）亥卯未属木（3）辰戌丑未属土。

属木的星星在未宫：（1）木生火，但星星不能生宫位，是「平」（2）未宫木「同」星星五行者为「旺」（3）木克土，但星星不能克宫位，是「平」，二平一旺，最后的结论是「旺」，故属木的星星在未宫的亮度是「旺」。

属火的星星在未宫：（1）未宫火「同」星星五行者为「旺」（2）未宫木生火，是「旺」（3）火生土，但星星不能生宫位，是「平」，二旺一平，最后的结论是「旺」，故属火的星星在未宫的亮度是「旺」。

属土的星星在未宫：（1）未宫火生土，是「旺」（2）未宫木克土，是「陷」（3）未宫土「同」星星五行者为「旺」，二旺一陷，最后的结论是「旺」，故属土的星星在未宫的亮度是「旺」。

属金的星星在未宫：（1）未宫火克金，是「陷」（2）金克木，

但星星不能克宫位，是「平」（3）未宫土生金，是「旺」，一陷一平一旺，最后的结论是「平」，故属金的星星在未宫的亮度是「平」。

属水的星星在未宫：（1）水克火，但星星不能克宫位，是「平」（2）水生木，但星星不能生宫位，是「平」（3）未宫土克水，是「陷」，二平一陷，最后的结论是「陷」，故属水的星星在未宫的亮度是「陷」。

星星在申宫的亮度：

申宫有二种属性：（１）申酉戌属金（２）申子辰属水。

属木的星星在申宫：（１）申宫金克木，是「陷」（２）申宫水生木，是「旺」，一陷一旺，结论是「平」，故属木的星星在申宫的亮度是「平」。

属火的星星在申宫：（１）火克金，但星星不能克宫位，是「平」（２）申宫水克火，是「陷」，一平一陷，结论是「陷」，故属火的星星在申宫的亮度是「陷」。

属土的星星在申宫：（１）土生金，但星星不能生宫位，是「平」（２）土克水，但星星不能克宫位，是「平」，二个平，最后结论是「平」，故属土的星星在申宫的亮度是「平」。

属金的星星在申宫：（１）申宫金「同」星星五行者为「旺」（２）金生水，但星星不能生宫位，是「平」，一旺一平，结论是「旺」，故属金的星星在申宫的亮度是「旺」。

属水的星星在申宫：（１）申宫金生水，是「旺」（２）申宫水「同」星星五行者为「旺」，二个旺，结论是「旺」，故属水的星星在申宫的亮度是「旺」。

星星在酉宫的亮度：

酉宫只有一种属性，申酉戌属金。

属木的星星在酉宫：酉宫金克木，是「陷」，故属木的星星在酉宫的亮度是「陷」。

属火的星星在酉宫：火克金，但星星不能克宫位，是「平」，故属火的星星在酉宫的亮度是「平」。

属土的星星在酉宫：土生金，但星星不能生宫位，是「平」，故属土的星星在酉宫的亮度是「平」。

属金的星星在酉宫：酉宫金「同」星星五行者为「旺」，故属金的星星在酉宫的亮度是「旺」。

属水的星星在酉宫：酉宫金生水，是「旺」，故属水的星星在酉宫的亮度是「旺」。

星星在戌宫的亮度：

戌宫有三种属性：（1）申酉戌属金（2）寅午戌属火（3）辰戌丑未属土。

属木的星星在戌宫：（1）戌宫金克木，是「陷」（2）木生火，但星星不能生宫位，是「平」（3）木克土，但星星不能克宫位，是「平」，一陷二平，结论是「陷」，故属木的星星在戌宫的亮度是「陷」。

属火的星星在戌宫：（1）火克金，但星星不能克宫位，是「平」（2）戌宫火「同」星星五行者为「旺」（3）火生土，但星星不能生宫位，是「平」，二平一旺，结论是「旺」，故属火的星星在戌宫的亮度是「旺」。

属土的星星在戌宫：（1）土生金，但星星不能生宫位，是「平」（2）戌宫火生土，是「旺」（3）戌宫土「同」星星五行者为「旺」，一平二旺，结论是「旺」，故属土的星星在戌宫的亮度是「旺」。

属金的星星在戌宫：（1）戌宫金「同」星星五行者为「旺」（2）

戌宫火克金，是「陷」（3）戌宫土生金，是「旺」，二旺一陷，结论是「旺」，故属金的星星在戌宫的亮度是「旺」。

属水的星星在戌宫：（1）戌宫金生水，是「旺」（2）水克火，但星星不能克宫位，是「平」（3）戌宫土克水，是「陷」，一旺一平一陷，最后的结论是「平」，故属水的星星在戌宫的亮度是「平」。

星星在亥宫的亮度：

亥宫有二种属性：（1）亥子丑属水（2）亥卯未属木。

属木的星星在亥宫：（1）亥宫水生木，是「旺」（2）亥宫木「同」星星五行者为「旺」，二个旺，结论是「旺」，故属木的星星在亥宫的亮度是「旺」。

属火的星星在亥宫：（1）亥宫水克火，是「陷」（2）亥宫木生火，是「旺」，一陷一旺，结论是「平」，故属火的星星在亥宫的亮度是「平」。

属土的星星在亥宫：（1）土克水，但星星不能克宫位，是「平」（2）亥宫木克土，是「陷」，一平一陷，结论是「陷」，故属土的星星在亥宫的亮度是「陷」。

属金的星星在亥宫：（1）金生水，但星星不能生宫位，是「平」（2）金克木，但星星不能克宫位，是「平」，二个平，结论是「平」，故属金的星星在亥宫的亮度是「平」。

属水的星星在亥宫 :（ 1 ）亥宫水「同」星星五行者为「旺」（ 2 ）

水生木，但星星不能生宫位，是「平」，一旺一平，结论是「旺」，

故属水的星星在亥宫的亮度是「旺」。

太阳太阴的亮度有规则，太阳寅宫到未宫是旺，太阴则陷。太

阴未宫到丑宫是旺，太阳则陷。太阴在辰宫是平，太阳在戌宫是平。

火 金　　　　　巳	火　　　　　　午	火 木 土　　　　未	金 水　　　　　申
木 水 土　　　　辰	地支宫位的属性		金　　　　　　酉
木　　　　　　卯			金 火 土　　　　戌
木 火　　　　　寅	水 金 土　　　　丑	水　　　　　　子	水 木　　　　　亥

木星 陷 火星 旺 土星 旺 金星 平 水星 旺	木星 平 火星 旺 土星 旺 金星 陷 水星 平	木星 旺 火星 旺 土星 旺 金星 平 水星 陷	木星 平 火星 陷 土星 平 金星 旺 水星 旺
巳	午	未	申
木星 旺 火星 平 土星 平 金星 旺 水星 平	星星亮度表		木星 陷 火星 平 土星 平 金星 旺 水星 旺
辰			酉
木星 旺 火星 旺 土星 陷 金星 平 水星 平			木星 陷 火星 旺 土星 旺 金星 旺 水星 平
卯			戌
木星 旺 火星 旺 土星 平 金星 陷 水星 平	木星 平 火星 陷 土星 旺 金星 旺 水星 旺	木星 旺 火星 陷 土星 平 金星 平 水星 旺	木星 旺 火星 平 土星 陷 金星 平 水星 旺
寅	丑	子	亥

紫微斗数之「定盘」（簡體中文版）

作　　者 / 紫微燈心（Zi Wei Deng Xin）

出版者 / 美商 EHGBooks 微出版公司

發行者 / 美商漢世紀數位文化公司

臺灣學人出版網：http：//www.TaiwanFellowship.org

地　　址 / 106 臺北市大安區敦化南路 2 段 1 號 4 樓

電　　話 / 02-2701-6088 轉 616-617

印　　刷 / 漢世紀古騰堡®數位出版 POD 雲端科技

出版日期 / 2018 年 11 月

總經銷 / Amazon.com

臺灣銷售網 / 三民網路書店：http：//www.sanmin.com.tw

　　　　　三民書局復北店

　　　　　地址 / 104 臺北市復興北路 386 號

　　　　　電話 / 02-2500-6600

　　　　　三民書局重南店

　　　　　地址 / 100 臺北市重慶南路一段 61 號

　　　　　電話 / 02-2361-7511

全省金石網路書店：http：//www.kingstone.com.tw

定　　價 / 新臺幣 300 元（美金 10 元 / 人民幣 66 元）